945

El ꞏ apel Maché

# EL ARTE DEL PAPEL MACHE

Carla y John B. Kenny

ediciones **ceac**

Perú, 164 - Barcelona 20 - España

Traducción autorizada del libro
THE ART OF PAPIER MACHE
Editado en lengua inglesa por
Chilton Book Company, Radnor, Pennsylvania (USA).

© EDICIONES CEAC, S.A.
  Perú, 164. Barcelona-20 (España)

  3.ª edición: Noviembre 1983
  ISBN: 84-329-8504-X
  Depósito Legal: B. 37.865-83

  Alvagraf, S.A. c/. Gerona, 6.
  La Llagosta (Barcelona)

  Impreso en España
  Printed in Spain

# DAMOS LAS GRACIAS

a  Jay D. de Amstrong y Alicia S. de Ramírez que
   nos ayudaron en nuestras investigaciones con pasta de papel,

a  Lala V. de Valera que nos enseñó a crear con el
   engrudo de pan,

a  la Norcross Company que nos permitió utilizar
   sus papeles especiales para envolver regalos,

a  los estudiantes de la High School de Arte y Dibujo de Nueva York City que ayudaron tomando
   fotografías en color, y

a  todos nuestros amigos que fueron generosos con
   sus críticas y estímulo,

   Nuestro más sincero reconocimiento,

   **LOS AUTORES**

# SUMARIO

CAPITULO

Construcción sobre un modelo de plastilina. Bandejas. Lámparas. Una mesa de cocktail.

# SERIES DE FOTOGRAFIAS

# ILUSTRACIONES EN BLANCO Y NEGRO

11

# ILUSTRACIONES EN COLOR

El encarte en color está entre las páginas 96 y 113

# INTRODUCCION

LOS fabricantes de papel han hecho cosas maravillosas; tan maravillosas que nos hemos ido acostumbrado a su excelencia y hemos dado por supuesta la gran variedad de papeles de los que nos servimos del modo más diverso. Sin embargo, recientemente nos hemos dado cuenta de que este material es bello además de útil.

En varias partes del mundo, los artistas crean cosas de papel desde hace mucho tiempo: diseños de intrincados dobleces en el Japón, elaborados calados én Escandivania y Europa Central, piñetas en México. Los chinos comenzaron hace unos 2.000 años, cuando descubrieron el secreto de la fabricación del papel. No mucho después comenzaron a utilizar su nuevo descubrimiento para confeccionar artísticos calados, cometas y dragones. A continuación, convirtieron el papel en pasta y fabricaron cosas más sólidas —cajas, bandejas, estatuillas, etc. Y así comenzó el arte del *papier mâché*.

Este arte experimentó una oleada de popularidad en Europa en la primera parte del siglo XVIII, en un tiempo en el que las prensas se ocupaban en editar carteles y los primeros periódicos toscos. La maquinaria de fabricación de papel aún no se había inventado, de modo que incluso el papel de los boletines callejeros estaba hecho a mano. Los franceses, buscando métodos para utilizar sus carteles desechados, desmenuzaron el papel usado, hicieron una pasta, añadieron cola y fabricaron con ello cajas de rapé, y otros objetos. Los alemanes también se sintieron fascinados por la posibilidad de hacer cosas útiles con el material usado y construyeron una factoría para el papel maché en Berlín en 1765.

El tiempo ha demostrado que el papel maché puede tener belleza duradera, además de utilidad. Juguetes, bandejas, composiciones pictóricas, e incluso muebles hechos con este material hace 200 años son todavía utilizables y conservan el mismo atractivo que el día en que el artista terminó su diseño y le aplicó la capa final de laca.

En México es donde los artesanos tienen más gracia con el papel. Lo utilizan para todas las ocasiones festivas. Justamente antes de Pascua, los Judas de papel maché se rellenan de fuegos artificiales y a continuación son quemados entre gritos bullangueros. Y ninguna Navidad o cumpleaños estarían completos sin una *piñata.*

Las bases de las piñatas son grandes potes de frágil arcilla sobre los cuales se han pegado pedacitos de papel de colores para darles todo tipo de formas: —estrellas, cohetes, animales, pájaros, personales, flores gigantes—. En el momento de la fiesta la piñata se rellena con caramelos y pequeños juguetes y se cuelga en alto mientras los niños con los ojos tapados intentan golpearla con un bastón. Cuando algún jovencito lo consigue, el pote se rompe y los regalos llueven sobre el joven regocijado. Pero la piñata, ay, deja de existir. Como el Judas, cumple su función en el momento de ser destruida.

Hoy día, las posibilidades artísticas del papel maché han sido redescubiertas por artistas, decoradores de interiores y diseñadores de modas. El material ha encontrado su camino en la decoración moderna y sofisticada; es utilizado para joyería y accesorios de la moda, incluso para trajes.

Como material, el papel maché es ideal para los que sienten la urgencia de crear. Es fácil trabajar con él, responde con facilidad al tacto. Puede ser utilizado para confeccionar esculturas a escala mayor que la natural, o para anillos y pendientes de moda. Proporciona la oportunidad de explorar y ensayar diferentes métodos de manipulación. Se puede utilizar en formas convencionales o insólitas, completamente diferentes de todo lo que se ha hecho antes. Estimula el uso loco, salvaje, sin inhibiciones del color.

¡Y es barato! (Qué bendición oir esta palabra hoy en día). No hay ningún equipo que instalar, ni herramientas que comprar (todo lo necesario está a mano en la cocina). Las pastas y pigmentos cuestan poco, los recortes de papel, nada.

Por tanto, manos a la obra. Tomemos ese montón de periódicos de la semana pasada que están arrinconados y las circulares que cayeron en la papelera esta mañana. Veámos si somos capaces de hacer algo bonito de algo que estaba desechado.

# El Arte del
# PAPEL MACHE

# 1
# CONSTRUIR
# CON
# PAPEL

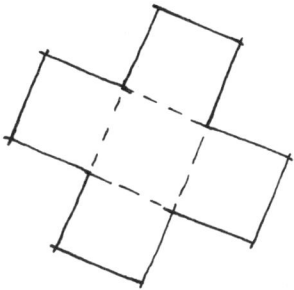

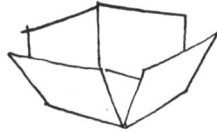

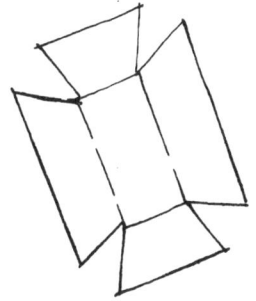

ONFECCIONAR algo de cualquier material, ya sea madera, metal, barro o papel, es, en primer lugar, un problema mecánico. Es necesario aprender los trucos de manipulación del material. En segundo lugar, y ésta es la parte más importante, es un problema de diseño.

El método más fácil para confeccionar una forma de papel o cartón es cortar un patrón y plegarlo. De este modo se pueden hacer cubos y cajas rectangulares e igualmente otros muchos sólidos geométricos que tengan las caras planas. Las formas cilíndricas se pueden confeccionar enrollando el papel, lo mismo que los conos. Las formas esféricas son un poco más complicadas. Hablaremos de ellas en el capítulo 4. Nuestra primera construcción en papel será una caja rectangular con tapa.

## Materiales

Necesitaremos papel de periódico, cartón ondulado (del tipo del que se usa para embalaje), un poco de cinta adhesiva de celofán y engrudo. El mejor engrudo para este trabajo es el de trigo, del tipo que se utiliza para pegar carteles. Se vende en forma de polvo seco y se puede comprar en droguerías o en almacenes de materiales artísticos. Se mez-

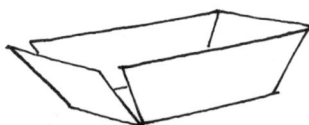

cla a razón de una cucharada sopera de polvo por una taza de agua. Un buen sistema para mezclar el engrudo es utilizar un tarro con tapadera atornillable. Se pone el agua en el tarro, se añade el polvo seco, se coloca la tapa y se agita vigorosamente durante diez segundos. Así se producirá un engrudo ligero y cremoso sin grumos. Si se prefiere menos espeso, se añade un poco de agua y se agita de nuevo. Debe mezclarse sólo el que sea necesaria para una sesión; es mejor comenzar el trabajo de cada día con engrudo recién hecho.

A veces se puede utilizar cola en lugar de engrudo. La mejor para los trabajos en papel maché es la cola sintética que se vende en forma líquida en recipientes de plástico.

Algunos artistas del papel maché prefieren hacer su propio engrudo mezclando harina y agua, un proceso que a nuestro parecer no merece la pena. Pero si quieren hacerlo por sí mismos, en el capítulo 13 encontrarán una receta.

## SERIE DE FOTOGRAFIAS 1

*Caja rectangular con tapa*

1. Se ha cortado el patrón en una pieza de cartón ondulado. Las líneas sobre las que debe plegarse el modelo se han marcado con un instrumento de punta embotada (un par de tijeras cerrado).

Este patrón formará una caja de 146 mm de largo, 95 mm de ancho y 63,5 mm de alto, un tamaño conveniente para cigarrillos o caramelos. Estas proporciones pueden variarse, naturalmente, para adaptarla a diferentes propósitos.

Para la tapa se ha cortado un trozo de cartón de 165 mm por 114 mm. Para formar un reborde en la cara inferior de la tapa se utilizará una tira de 9,5 mm y 457 mm de largo.

2. Los lados de la caja se han plegado y fijado con cinta adhesiva. Ahora se pega con engrudo el papel de periódico.

Se ha humedecido una tira de papel de periódico de 136,5 mm de ancho y 585 mm de largo (toda la anchura de una hoja de periódico del tipo tabloide) y se le ha dado una generosa capa de engrudo. La caja se coloca de modo que los extremos de la tira puedan envolver sus lados, cubriendo las superficies interiores de éstos y el fondo. Se debe tener

18

cuidado de frotar firmemente el papel de periódico, de modo que no queden bolsas de aire entre él y el cartón.

Cuando está colocada esta tira, se humedece y fija de manera semejante otra de 86 mm de ancho, que cubra ambas superficies del fondo y los lados pequeños de la caja.

*Nota:* En la mayoría de nuestros trabajos no cortaremos el papel, sino que lo rasgaremos. Sin embargo, para una caja rectangular, cortando el papel se trabaja con más rapidez.

3. Se enrolla otra tira de papel humedecido de 102 mm de ancho envolviendo las cuatro caras de la caja, y después se dobla de forma que cubra todos los lados y rincones, así como las esquinas. Ahora se utiliza también mucho engrudo, teniendo cuidado de ajustar firmemente el papel en su lugar.

Los pasos 2 y 3 se repiten hasta que todas las superficies de la caja, tanto interiores como exteriores, están cubiertas por tres capas de papel de periódico.

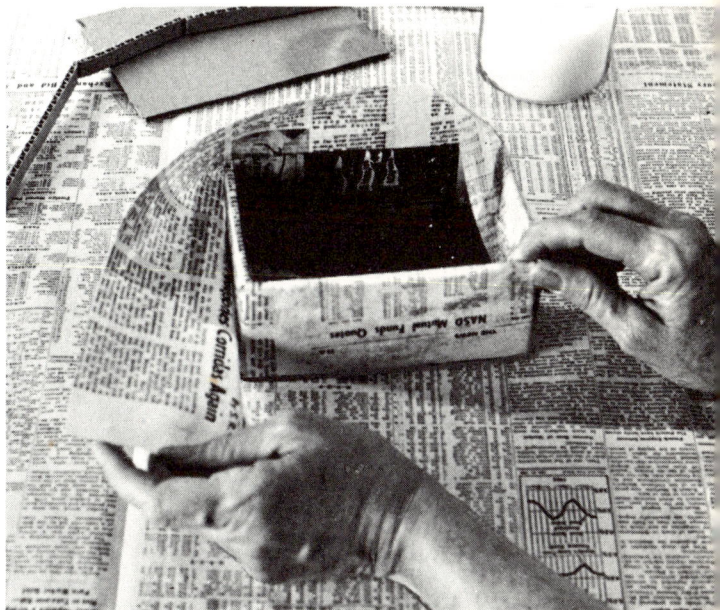

4. La pestaña se fija sobre la cara inferior de la tapa con tiras de papel de periódico humedecido y engrudo. Tan pronto como se ha completado este paso, la tapa debe colocarse en su lugar para asegurarse de que encaja bien.

5. Si se requiere algún tipo de tirador o agarradero, se enrolla en forma de cono un trozo de papel de periódico y se pega con engrudo; después se corta, como se ve en la fotografía.

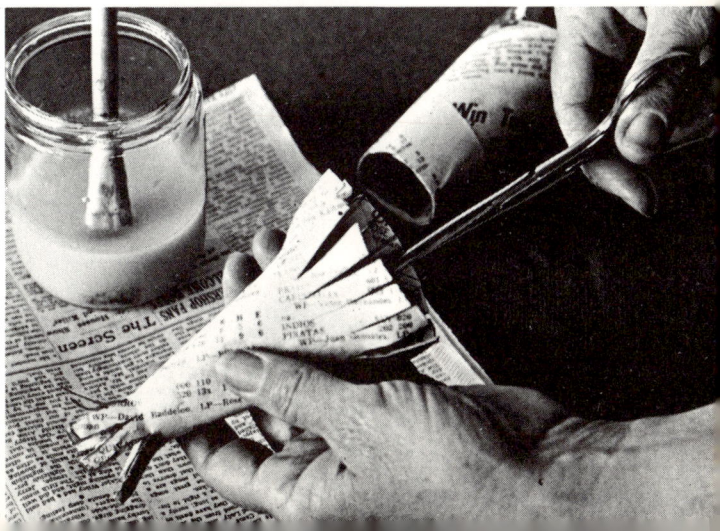

19

6. El cono se aplasta; las tiritas del extremo ancho se doblan y pegan con engrudo para formar el tirador.

7. Se pega el tirador en su lugar. Se trazan líneas diagonales para ayudar a centrarlo. Las esquinas de la tapa se cortan redondeadas.

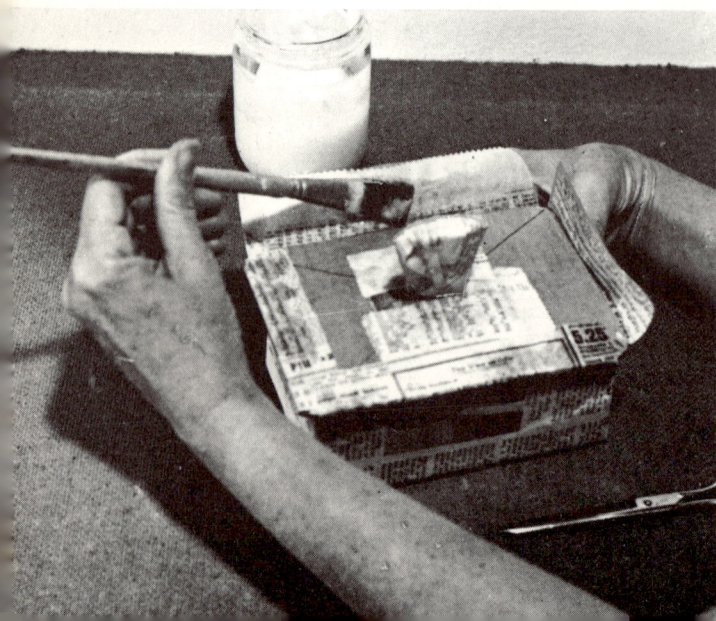

8. Terminación de las esquinas de la caja. Se pegan con engrudo en la cara inferior de la tapa unas tiras de papel de periódico y se doblan sobre el borde superior, pegándolas planas.

9. La construcción de la caja y la tapa ha concluido. Están dispuestas para ponerlas a secar.

## Secado

Nuestra caja se secará durante la noche si se mantiene de forma que el aire pueda circular libremente alrededor de todas sus caras. El proceso de secado se puede acelerar colocándola a la luz del sol, sobre un radiador caliente o en un horno. Se puede hornear unos minutos a 120° C, pero es mejor utilizar menos calor (65° C) y dejarla en el horno algo más tiempo. NO dejar el trabajo olvidado en el horno. Se debe sacar tan pronto como esté seco. Durante el proceso debe mantenerse ligeramente abierta la puerta del horno.

## Abarquillamiento

Los modelos confeccionados con papel y engrudo tienden a abarquillarse cuando se secan. En algunas formas, no importa un ligero abarquillamiento, pero una caja debe ser cuadrangular y la tapa debe cerrar perfectamente. Mientras está aún húmeda, hay que presionarla suavemente hasta que tenga la forma debida, y mantenerla así hasta que esté seca.

10. La caja y la tapa se secan en un horno caliente. Una goma alrededor de la caja la mantiene cuadrangular. Se han colocado en las aristas de la caja unos trozos de cartón fino (del tipo utilizado para las cajas de pañuelos de papel) para evitar que la goma se incruste en ella. Unas piedras colocadas sobre la tapa harán que ésta se seque manteniéndose plana.

## Acabado

Uno de los placeres de trabajar con papel es el de poder elegir entre una gran cantidad de métodos de terminar las cosas que hacemos. La caja, por ejemplo, puede ser lijada cuando esté seca y luego pintada con cualquier tipo de pintura. O se puede pintar sin lijado preliminar. La rugosa superficie que resulta de este modo dará al artículo terminado una apariencia muy distinta.

Se consigue un modelo de mucho efecto con rectángulos de papel de periódico de 20 mm por 12 mm pegados con engrudo sobre la superficie de una construcción en papel.

11. Los rectángulos de papel se pegan en filas de forma que se solapen ligeramente.

12. Cuando la caja y su tapa estén secas, se les da una capa base de pintura para paredes soluble en agua. (Este y otros materiales utilizados se describen con más detalle en el capítulo 13). Cuando esté seca la base, se pinta la totalidad con una mezcla de leche condensada y café instantáneo en polvo.

## Leche

Se obtiene una superficie dura semimate (no a prueba de agua) cuando se esparce, sobre una construcción en papel, leche normal o evaporada. Si se añade a la leche condensada café instantáneo en polvo en cantidad suficiente para hacer una pasta cremosa, la mezcla, al ser pintada sobre la caja, le da un cálido tono "café con leche" que acentúa el modelado de la superficie y hace claramente visible la forma de los rectángulos.

13. Cuando estuvo seca la mezcla de leche y café, se pintó un diseño sobre la caja con pinturas de colores. Como paso final para darle al trabajo una superficie duradera, se le dieron dos capas de laca transparente.

En lugar de pintar directamente sobre la caja, los dibujos pueden ser pintados sobre papel y luego pegados con engrudo. También se pueden recortar ilustraciones impresas y montarlas sobre el trabajo (montaje). Podemos utilizar otras cosas para la ornamentación, como por ejemplo, cordeles. Vemos aquí otra caja decorada con ese método.

14. Una caja y su tapa reciben una capa de cola blanca.

15. Se encola sobre la caja un bramante ligero según un diseño decorativo. Se utilizan dos cuentos. El bramante se humedece primero, luego se pasa por la cola y por último se aplica sobre el dibujo que ha sido trazado en la caja.

16. La caja terminada. El diseño se ha realzado con pinturas al temple y se le ha dado dos capas de barniz, la segunda, cuando la primera estaba completamente seca.

24

1. Cigarrera, cerillera y cenicero en papel mâché original de Kashmir.

Las cajas de papel maché se pueden hacer del tamaño y forma exactos para las cosas que deban contener (obsérvese la caja para fichas de ajedrez de la ilustración en color 1). Como son decorativas, no es necesario ocultarlas en armarios, sino que pueden permanecer a la vista para usarlas y disfrutar de su presencia.

La confección de cajas es una forma de carpintería, utilizando papel y cartón en lugar de madera; tijeras y cuchillas en lugar de serrucho y brocha y engrudo en lugar de martillo y clavos. Estas cajas son de papel, pero *no* de papel maché.

Las posibilidades del papel van más allá de la carpintería. Cuando se ha machacado el papel para hacerlo pulpa y se ha convertido en pasta, se le pueden dar formas imposibles de conseguir con martillo y serrucho.

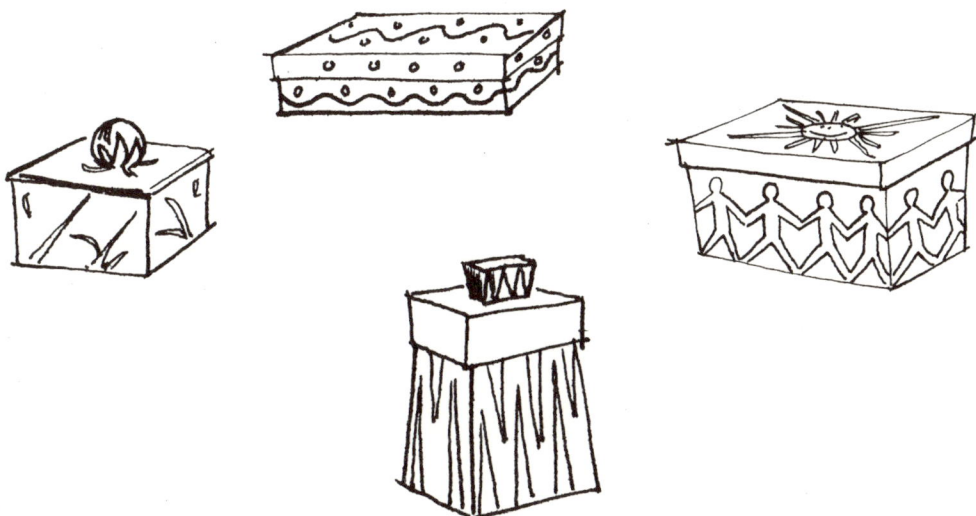

# 2
# PASTA
# DE PAPEL

**P**APIER MÂCHÉ, traducido literalmente, significa papel mascado. El papel que se ha empapado en agua, machacado hasta reducirlo a pulpa, puede ser prensado formando modelos que al secarse conservan su forma. Algunos de los proyectos mostrados en capítulos posteriores se pueden confeccionar con pulpa de papel sin añadirles nada más (véanse fotografías de las series 14 y 31). Sin embargo, la pulpa de papel sola no es apropiada para la mayoría de los trabajos en papel maché. Deben añadirse otros ingredientes.

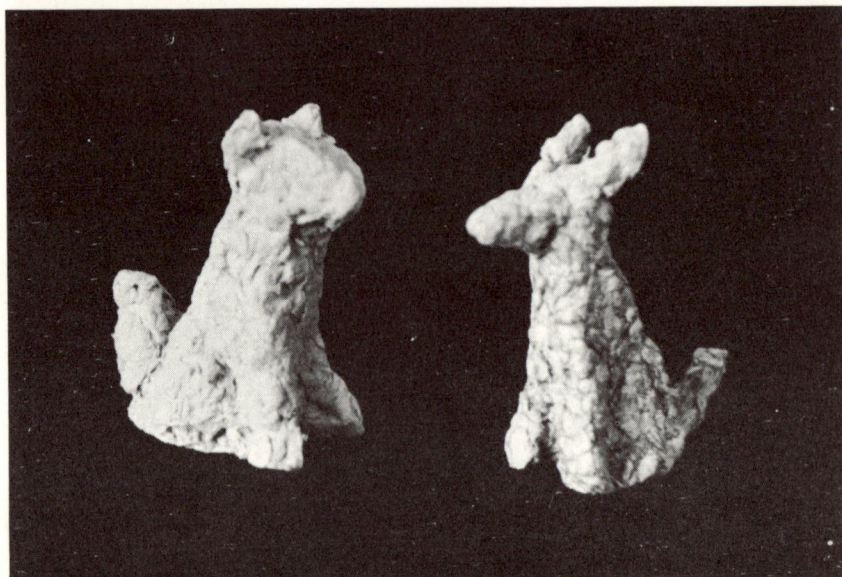

2. Prueba de figuras.

No existe una fórmula única para el papel maché. La mayoría de los artistas tienen la suya. Algunas de ellas son secretos celosamente guardados. De las muchas mezclas que hemos ensayado, hemos obtenido los mejores resultados de la siguiente receta:

*Receta para un litro de pasta*

    4 hojas de papel de periódico completas (16 páginas)
    2 cucharadas soperas de blanco de España
    2 cucharadas soperas de cola blanca
    1 cucharada sopera de aceite de linaza (crudo o cocido)
    2 cucharadas soperas de engrudo de trigo en polvo
    2 gotas de aceite de gaulteria o aceite de clavo

## SERIE DE FOTOGRAFIAS 2
*Preparación de la pasta de papel*

1. *Desmenuzado y empapado.* Comenzamos desmenuzando el papel de periódico en pedazos no mayores de 6 cm.$^2$. Este papel tiene una fibra que recorre la página de arriba abajo; es más fácil rasgarlo en tiras largas y estrechas en esa dirección.

Los trozos de papel se ponen en un recipiente, cubiertos con agua y se dejan empapar durante toda la noche.

2. *Machacado.* El papel humedecido se ha puesto en una cacerola grande y se ha hervido durante veinte minutos en dos litros de agua, para que se deshagan las fibras. Se utiliza una escobilla de metal para batirlo hasta reducirlo a pulpa.

*Nota:* Una batidora o trituradora eléctrica efectuaría el proceso de batido más rápida y facilmente. La batidora no sufre ningún daño si se utiliza mucha agua. Si empleamos la batidora durante cinco segundos se obtendrá una pasta muy manejable; batiéndola durante más tiempo se logrará una pasta más fina con una textura más uniforme. (Si se utiliza una trituradora no es necesario cocer el papel previamente.)

*Nota:* Una batidora o trituradora eléctrica efectuaría el proceso de batido más rápida y fácilmente. La batidora no sufre ningún daño si se utiliza mucha agua. Si empleamos la batidora durante cinco segundos se obtendrá una pasta muy manejable; batiéndola durante más tiempo se logrará una pasta más fina con una textura más uniforme. (Si se utiliza una trituradora no es necesario cocer el papel previamente.)

3. *Escurrido.* La pulpa de papel se vacía en un colador que se sacude varias veces para expulsar algo de agua.

4. *Pulpa de papel.* Después de escurrido, la pulpa forma una masa blanda y húmeda que se puede sostener en la mano como se ve en la fotografía. Esta masa tiene todavía más del 90% de agua, pero con cuidado de no apretar demasiado para que la masa no se vuelva correosa e inmanejable.

5. *Mezclado.* La pulpa, todavía bastante húmeda y blanda, se coloca en un bol. Se espolvorean sobre ella dos cucharadas soperas colmadas de blanco de España con dos cucharadas soperas de cola blanca y una de aceite de linaza. Se añaden algunas gotas de aceite de gaulteria y la mezcla se agita con una cuchara grande. Se puede utilizar un batidor de huevos para batir la pasta, pero NO debe utilizarse una batidora en esta etapa (demasiado difícil de limpiar).

Cuando la pasta se ha mezclado completamente, se espolvorean por encima dos cucharadas de engrudo de trigo en polvo y se revuelven de nuevo. Una vez realizada esta última mezcla, la pasta está preparada para su uso.

Las cantidades mencionadas aquí pueden variar considerablemente. Con más cola se consigue un producto terminado más fuerte; con más blanco de España, la pasta se hace más densa y blanca. Si la mezcla está demasiado aguada después de haber amasado todos los ingredientes, se puede añadir más engrudo de trigo para eliminar el exceso de humedad y hacerla más cremosa.

*(HARINA DE TRIGO?)*

La cola y el engrudo hacen de endurecedores. El blanco de España (carbonato cálcico) actúa como base; mejora el color del producto terminado y le da densidad. El aceite de linaza es un dilatador; hace que la pasta sea más fácil de trabajar y proporciona al producto terminado una tenacidad extraordinaria. El aceite de gaulteria o de clavo actúa como conservador, impidiendo que la pasta fermente. Este aceite puede obtenerse en una droguería o herbolario. Todos los demás materiales se pueden comprar en una droguería.

Casi cualquier fragmento de papel se puede convertir en pasta. El papel de periódico es el más fácil de utilizar si la pulpa debe ser machacada a mano. Cuando se dispone de una trituradora, se pueden utilizar tipos de papel más fuertes: circulares, papel grueso, correspondencia comercial, etc. Los papeles de colores producen interesantes veteados. Efectuar algunos experimentos —un viejo mapa de carreteras, por ejemplo— o sobres de avión con sellos. (Estos papeles no deben cocerse).

## Pasta blanca

Los artistas que trabajan con un acabado blanco-porcelana hacen una pasta de toallas y servilletas de papel blancas. El papel higiénico blanco de buena calidad produce una pasta excelente. Un rollo es suficiente para dos litros de pasta. Cuando la blancura es importante, debe utilizarse aceite de linaza crudo.

## Pasta lista para mezclar

Se puede comprar en los proveedores de materiales artísticos un polvo preparado de papel maché. Este, cuando se mezcla con agua, está dispuesto para su utilización. Su coste es alrededor de 70 ptas. el 1/2 kg. Si se piensan modelar unos pocos objetos pequeños, el polvo preparado es bastante satisfactorio. Sin embargo, para trabajos mayores o más numerosos, resultaría caro. El verdadero artista del papel maché prefiere hacerlo por sí mismo.

Ahora que hemos preparado algo de papel maché, vamos a hacer algo con él. Tenemos un bol de mezcla parduzca, bastante húmeda y blanda. Se puede modelar y pulir con una navaja o un raspador. Tiene algunas de las características de la arcilla de modelar, pero no todas. Si tratamos de darle una forma complicada, lo encontraremos demasiado blando. Podemos eliminar la mayor parte del agua, pero al hacer eso nos encontramos con que ya no es fácil de manipular durante mucho tiempo; se rebela y apelmaza. Sin embargo, podemos modelar una forma simple si utilizamos una armadura para sostener la pasta.

## SERIE DE FOTOGRAFIAS 3
*Un caballo de papel maché*

1. Se han retorcido algunos limpiapipas como armadura para la figura de un animal pequeño. A continuación, se da forma a la armadura y se sumerge en cola, dejándola secar. La cola la hace más fuerte e impide que el alambre de los limpiapipas se oxide y produzca feas manchas.

La pasta se aplica con los dedos y se comprime, dándole forma sobre la armadura. Un trozo del cilindro de cartón central de un rollo de papel higiénico sirve de soporte temporalmente.

2. El modelado completo. La figura se dejará ahora secar.

3. El caballo terminado. La crin y la cola están hechas de cordel empapado en tinta y después en cola. Los ojos y los cascos están pintados con temple.

*Nota:* Durante la confección, el caballo descansaba sobre una plataforma giratoria de plástico. Este artilugio es muy útil en escultura; permite girar el trabajo y observarlo desde diferentes ángulos. Estas plataformas se pueden comprar en los almacenes de materiales artísticos.

## Secado de la pasta

Se producen en la pasta algunos interesantes cambios cuando ésta se seca y contrae. Una superficie que era lisa cuando estaba húmeda será rugosa cuando esté seca. Cuando la pasta ha perdido la mayor parte de su humedad, pero no está todavía enteramente seca, se vuelve más plástica. En este estado puede dársele forma con más facilidad y las superficies se pueden alisar mejor.

Una figura como el pequeño caballo que acabamos de hacer se secará en una noche. La fuerte luz del sol acelerará el proceso de secado. También puede utilizarse un horno. Alrededor de quince minutos en un horno a temperatura de 65°C serían suficientes para secar una figura pequeña. Pero el proceso de secado debe observarse atentamente: puede ser conveniente sacar el objeto del horno antes de que esté completamente seco y trabajar en él, volviéndolo a introducir después. La puerta del horno debe mantenerse ligeramente abierta durante el secado.

Hay que tener cuidado de que el objeto en el que estamos trabajando no se nos chamusque. Un buen dispositivo de seguridad es colocarlo en el horno sobre varias capas de papel de periódico seco. Cuando el papel se caliente demasiado, el olor avisará de que es el momento de apagar el horno.

Veámos ahora cómo se puede usar la pasta sobre una caja como la que hemos confeccionado en el capítulo 1.

## SERIE DE FOTOGRAFIAS 4
*Aplicación de la pasta*

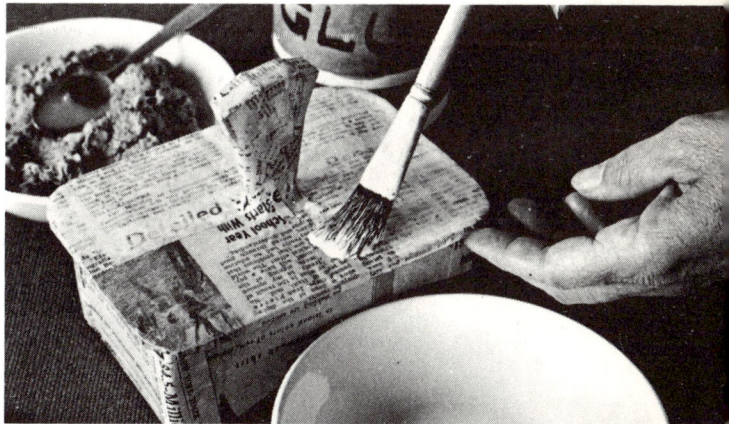

1. Antes de aplicar la pasta sobre un objeto, la superficie debe recibir una capa de pasta fina o cola diluida (una parte de agua y una parte de cola).

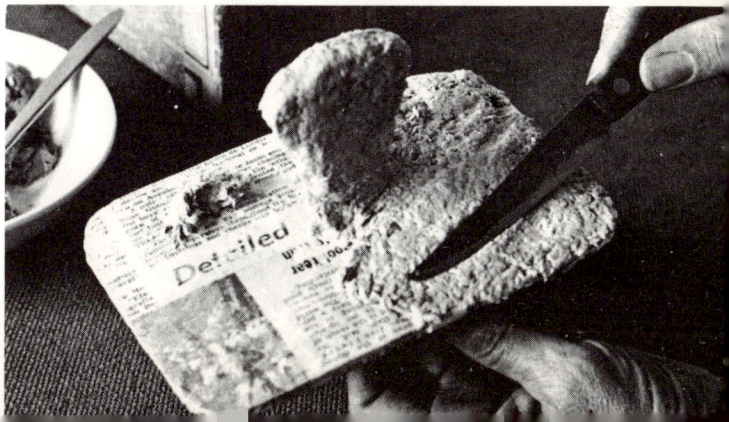

2. Se aplica una capa de pasta sobre la tapa con un cuchillo de trinchar.

3. Se absorbe el exceso de humedad con una toalla de papel.

4. Alisado. La caja ha estado en un horno caliente (65° C) con la puerta abierta durante veinte minutos. La pasta ha perdido la mayor parte de su humedad, pero todavía no está seca. En este estadio se puede alisar bastante pasando la hoja de una navaja sobre la superficie.

5. Cuando la pasta se ha secado completamente, se puede alisar con papel de lija (medio o grueso) o con una lima gruesa para madera.

## Escayola

Debemos aprender a fabricar y utilizar otro material, con el cual preparaban los artistas del Renacimiento las superficies para sus pinturas. Como sucede con la pasta de papel, hay muchas fórmulas diferentes para la escayola. Hemos obtenido los mejores resultados con una mezcla de blanco de España, cola, aceite de linaza y agua, preparada como sigue:

*Receta para escayola.* Espolvorear dos cucharadas soperas de blanco de España en un recipiente con agua y dejar asentar. *¡No remover!* Después de esperar varios minutos, vaciar cuidadosamente el exceso de agua. Añadir una cucharada sopera de cola blanca y una cucharadita de aceite de linaza (crudo o cocido) y remover hasta que esté completamente mezclado. La mezcla debe tener la consistencia de una crema ligera. Si es demasiado caldosa, espolvorear más blanco de España y agitar hasta mezclarlo bien.

6. Se le ha dado a la caja una capa de escayola y se ha dejado secar toda la noche.

*Nota:* La escayola es excelente para extender sobre el papel maché. Tapa los poros, cubre las partes ásperas y se seca, dejando una superficie blanquísima, perfecta como base de pintura. Si es necesario, puede lijarse antes de pintar.

7. Otro interesante método para decorar un objeto de papel maché es el imprimido con vegetales. Zanahorias, patatas y otros vegetales, cortados como se muestra en la fotografía, constituyen sellos con los que se pueden estampar diseños. Aquí, la pintura al temple se ha extendido sobre una patata cortada. Cuando ésta se imprime sobre la superficie de la caja, aparece un dibujo como el que vemos en la servilleta de papel.

8. La patata y la zanahoria se imprimen sobre la caja.

9. Se marcan los contornos de los dibujos impresos con pintura al temple negra.

10. La caja terminada. Se le han dado cuatro capas de laca en spray.

# 3
# CILINDROS

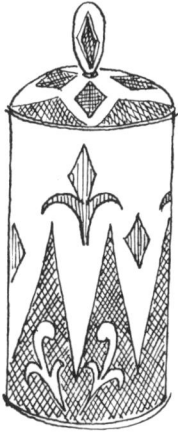

$E$L cilindro es una forma básica en la construcción en papel. Veamos los pasos necesarios para la confección de una caja cilíndrica con tapa, utilizando un tarro de cristal como horma sobre la cual se le da forma.

## SERIE DE FOTOGRAFIAS 5
*Una caja cilíndrica con tapa*

1. Se enrolla un trozo de papel de periódico alrededor de un tarro de litro. En este momento no se utiliza engrudo. Se ha cortado un círculo con muescas triangulares para cubrir la base.

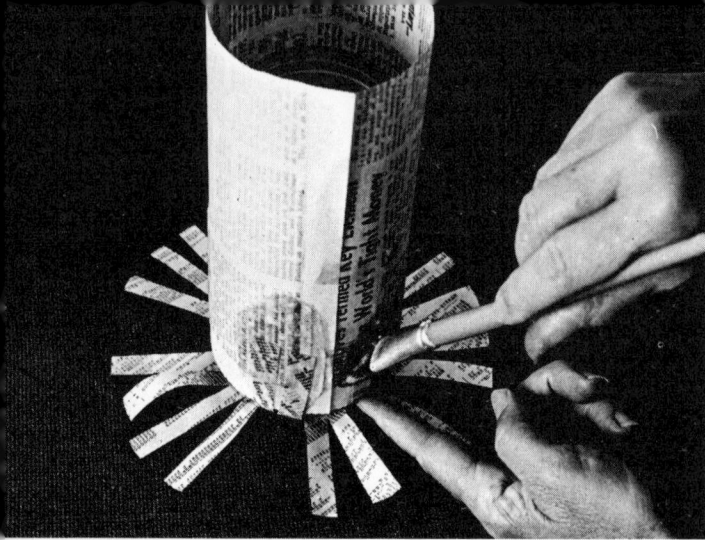

2. El papel enrollado alrededor del tarro se mantiene mediante una cinta adhesiva de celofán. La base se fija en su lugar pegando las tiritas sobre el lateral de la envoltura. No hay engrudo entre el papel y el tarro de cristal; el tarro debe poderse sacar fácilmente cuando llegue el momento.

3. Se aplican más capas de papel de periódico. Estas se pegan con engrudo sobre la capa original. Se fija otra pieza sobre la base.

4. Igualado del borde superior.

5. Se pegan más tiras de papel sobre el fondo y se enrollan piezas más grandes en la superficie lateral. Este proceso continuará hasta que las paredes tengan un espesor de casi 3 mm. El tarro está todavía dentro del cilindro.

6. Guarnición del borde superior. Las paredes tienen ahora el espesor deseado. En uno de los bordes se ha colocado un trozo de papel kraft (papel fuerte de envolver) rasgándolo para formar tiritas. El tarro se ha sacado de dentro del cilindro, el papel kraft se pega con engrudo en la parte superior del cilindro. Las tiritas se doblan y se pegan con engrudo. Este paso completa la construcción de la caja cilíndrica.

El tarro debe colocarse dentro de nuevo y dejarlo ahí mientras se seca el cilindro.

7. Confección de la tapa. Se han cortado dos círculos de cartón ondulado. El mayor tiene un diámetro 13 mm mayor que el de la caja. (La tapa debe rebasarla ligeramente). El más pequeño tiene un diámetro 3 mm menor que el diámetro interior del cilindro. Este círculo pequeño se pegará en la cara inferior de la tapa para servir como reborde que asegure el ajuste perfecto. Se cubre con papel de periódico el círculo mayor.

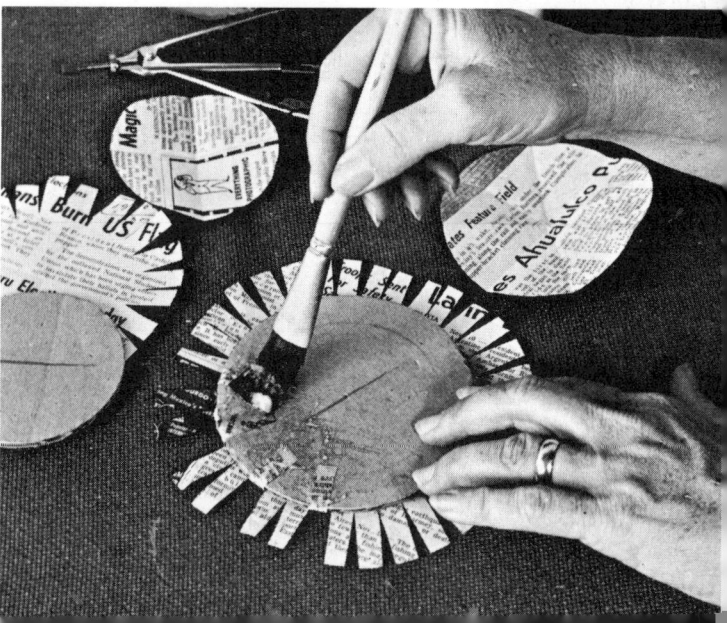

8. Terminación del recubrimiento del círculo grande. Al cubrir de este modo el cartón, deben pegarse igual número de capas de papel de periódico por ambos lados para reducir el abarquillamiento.

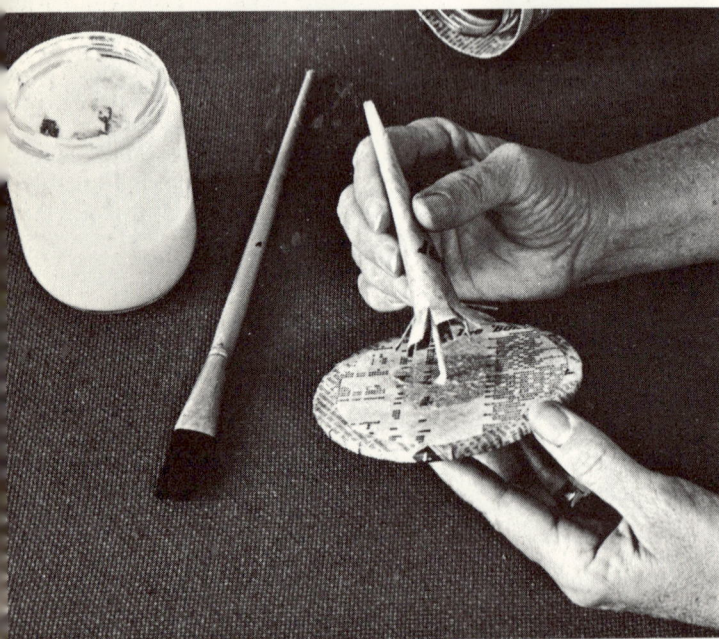

9. Un tirador para la tapa. El círculo pequeño se ha fijado en la cara inferior. (No puede verse en esta foto.) Se ha confeccionado un cono de papel de periódico, cortando en la base unas tiritas y pegándolo con engrudo en su lugar sobre la tapa. Se ha pasado por el centro de ambos círculos un palillo, para facilitar el centrado del tirador.

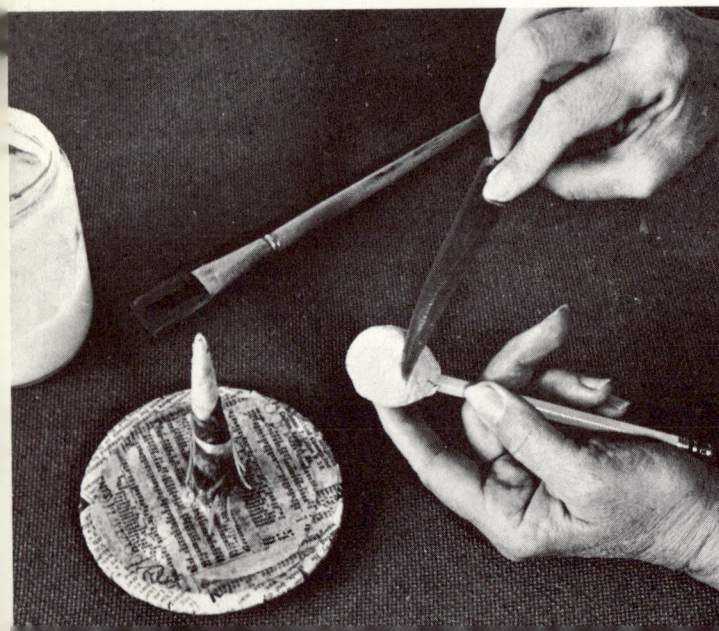

10. Sobre la punta de un lápiz se ha moldeado una pelota de pasta. Esta bolita se pegará sobre el extremo del cono.

11. Colocación de la bolita de pasta en el extremo del cono.

12. Mientras estaba húmeda la bolita, se ha aplastado por arriba y se ha aplicado pasta en los lados para darle una forma más atractiva. Vemos aquí otra manera de utilizar la pasta, extendiéndola con un rodillo. Se ha dibujado sobre papel de periódico un círculo del tamaño de la tapa de la caja en la hoja de papel de arriba, antes de comenzar a utilizar el rodillo. Se aplana una tortita de pasta entre dos pedazos de periódico. Se utiliza una botella como rodillo.

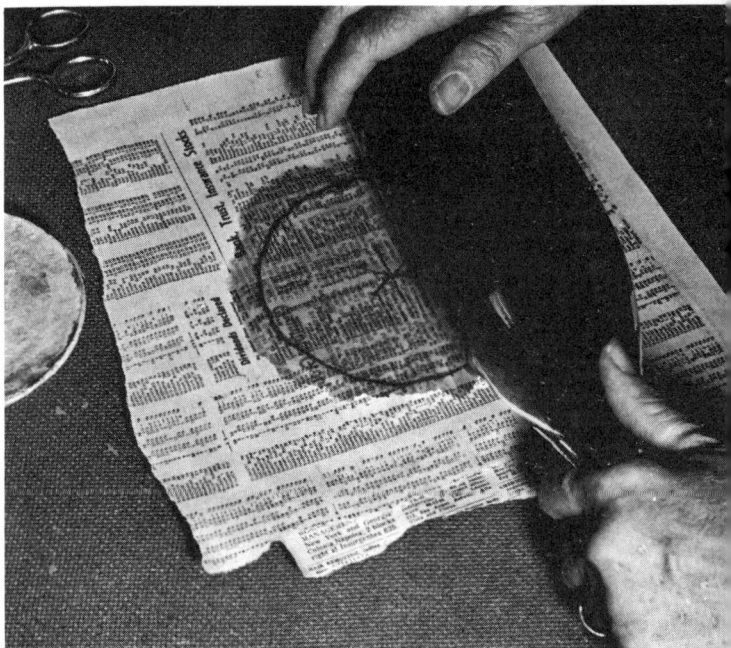

13. Se han utilizado tijeras para cortar las dos hojas de papel con la pasta intermedia. Una de las capas de papel se despega de la pasta.

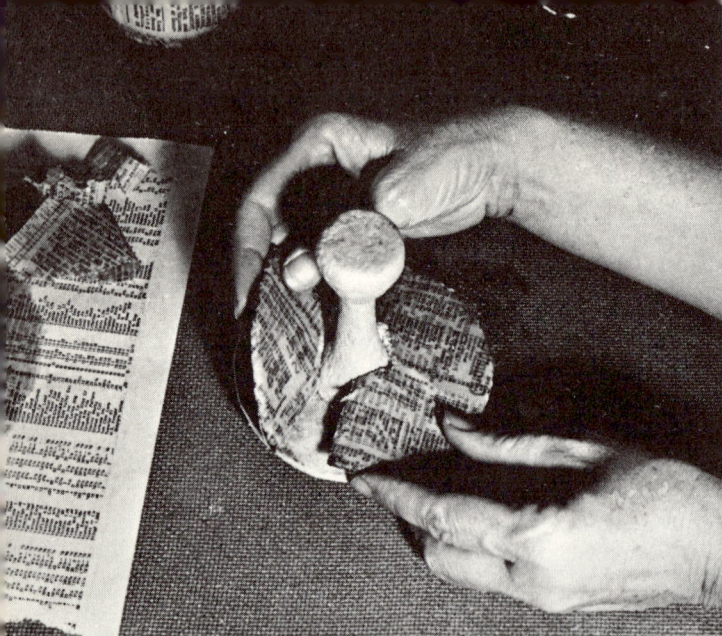

14. Con la capa superior de papel todavía en su lugar, se aplica a la tapa la lámina de pasta. (Primero se había dado a la tapa una capa delgada de cola.)

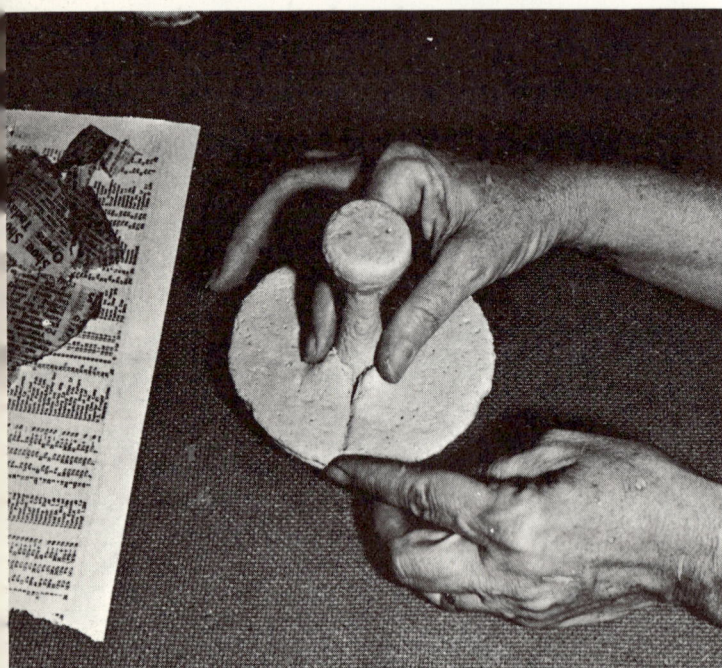

15. Se ha eliminado la capa de papel que quedaba y se fija la pasta sobre la tapa.

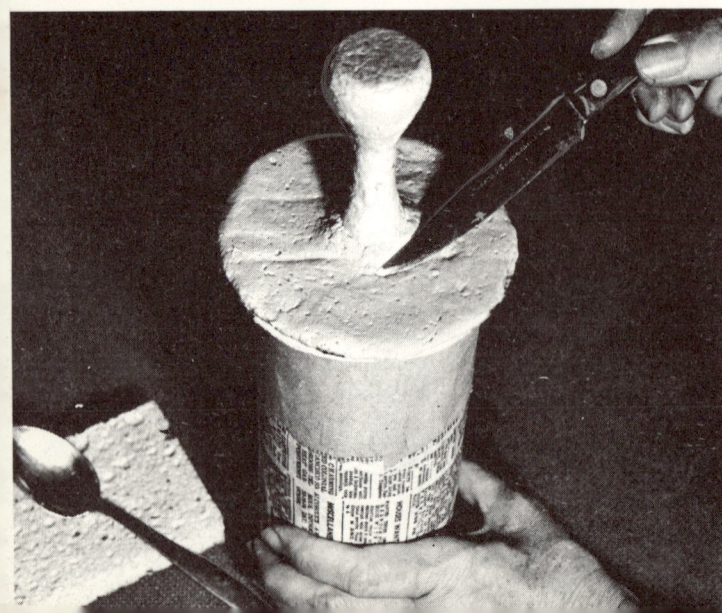

16. Acabado de la superficie de la tapa con una navaja y una cuchara. Se mantiene cerca una esponja húmeda porque estos dos instrumentos de modelado deben ser limpiados con frecuencia.

17. Laminado de un trozo de pasta que se va a aplicar a la superficie lateral y a la base del cilindro. Aquí se utiliza un rodillo de pastelero y la masa se extiende directamente sobre un papel de periódico, sin cubrirla con otra hoja.

18. Se ha envuelto con la pasta la superficie lateral del cilindro y el papel se ha retirado. Se corta el exceso de pasta del borde superior del cilindro.

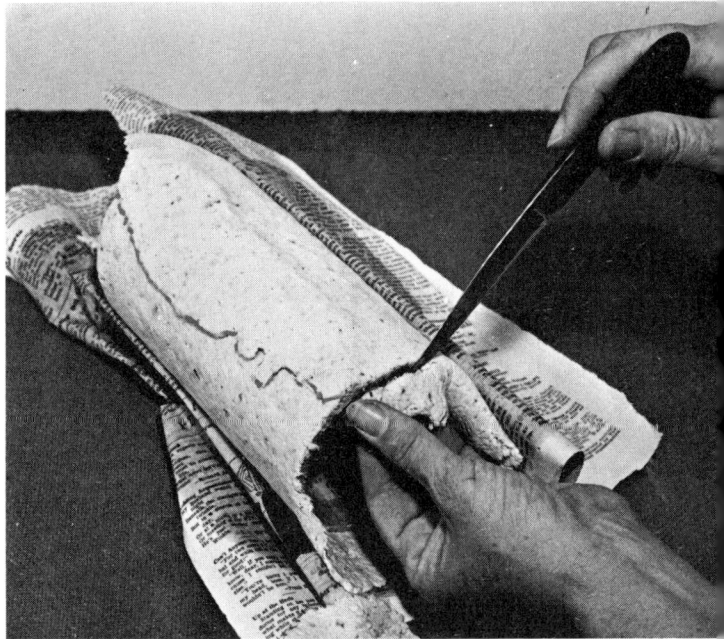

19. Alisado de la pasta sobre la base.

41

20. Se hace rodar sobre papel de periódico seco para que el cilindro quede liso y uniforme.

21. Proyecto de decoración para la caja.
Los diseños se dibujan con rotuladores sobre
papel, después se enrollan alrededor del cilindro y se mantienen con gomas elásticas para
poder estudiar la efectividad del dibujo. Es
muy sencillo probar así muchos diseños.
Cuando se ha logrado uno bueno, puede re-
producirse pintándolo directamente sobre el
cilindro o pegar con engrudo el papel portador del dibujo sobre la superficie de la caja.
(En ese caso los rotuladores deben ser de colores permanentes).

Al fondo se ve una caja con otro esquema
decorativo: se ha intentado un montaje con
cartas de la baraja.

22. En lugar de trazar dibujos, podemos
utilizar papel decorativo de envolver regalos.
Se ven en la fotografía muchos papeles de ale-
gres colores. A la derecha y a la izquierda, papeles que han sido cortados y utilizados para
envolver unos tarros para ver el efecto que
harían aplicados al cilindro. El dibujo abajo
en el centro no es de papel; es una pintura sobre corteza de árbol, un tipo de arte que practican algunos de los indios de México.

42

23. Vemos aquí otra caja cilíndrica. Se le ha pegado con engrudo un papel de envolver con dibujos de antiguas etiquetas de tabaco. La tapa está pintada con pintura acrílica al agua de color negro. El tirador y algunas partes del dibujo de la tapa se pintaron con polvo de bronce (oro pálido) mezclado con laca transparente. En la foto se está aplicando una capa de laca plástica líquida con un spray sobre la caja y la tapa.

En la lámina en color 3 se muestran tres cajas cilíndricas completas.

El tipo de laca plástica utilizada en forma de spray sobre las cajas puede ser brillante o mate. Para un acabado más duradero, deben aplicarse varias capas de laca a intervalos, una vez secas las aplicadas sucesivamente.

Cuando se pega el papel sobre una caja, la superficie de ésta debe haber recibido una capa de engrudo. El papel también debe impregnarse de una capa de engrudo y dejarse reposar durante unos minutos; luego se le da otra capa y se enrolla alrededor de la caja. Se utiliza una toalla de papel para aplicarlo firmemente sobre la caja, haciendo salir las burbujas de aire que se formen bajo el mismo.

Si el diseño que vamos a pegar no está impreso sino que es un trabajo original (como una pintura sobre corteza), se le deben dar dos capas de laca antes de aplicarle el engrudo por detrás. Esto impedirá que los colores se corran o destiñan.

En nuestra construcción del cilindro y en la caja que hicimos en el capítulo 1, utilizamos grandes piezas de papel de periódico. Para la mayor parte de los trabajos en papel maché es mejor utilizar trozos pequeños, que serán siempre rasgados y no cortados. El papel de periódico es bueno para la primera capa; es fuerte y el cambio de color nos permite estar seguro de que cada capa está completa. Para trabajos más grandes en que son necesarias cuatro o cinco capas, se debe alternar el papel de periódico con papel kraft.

Para la capa final, a menos que se desee una superficie como la que se muestra en la ilustración 12 de la serie de fotografías 1, es conveniente utilizar papel higiénico muy blanco. Este papel se adapta por sí solo a los contornos con facilidad y se seca con una superficie más lisa.

43

# 4
# FORMAS
# SEMIESFERICAS

LAS formas que no se puedan confeccionar mediante cortes y plegados o enrollados deben modelarse sobre alguna otra que sirve de molde. He aquí los pasos necesarios.

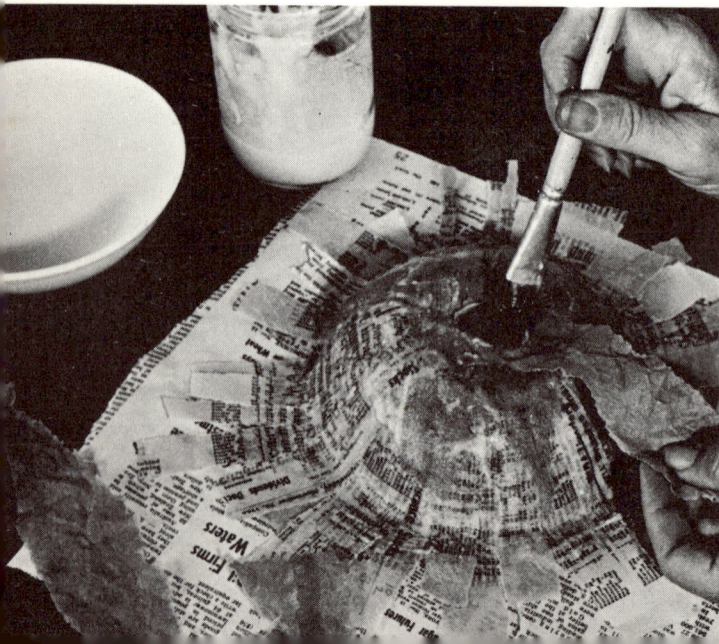

## SERIE DE FOTOGRAFIAS 6
*Un porta-lápices*

1. Un bol como el que aparece arriba a la izquierda se ha envuelto con una pieza de papel de periódico humedecido *sin engrudo.* Luego se han colocado sobre toda la superficie tiras de papel de periódico humedecido con engrudo. En la fotografía, tras completar una capa de tiras de papel de periódico, se está aplicando una segunda capa de papel kraft marrón. Este proceso continuará hasta haber pegado al menos cuatro capas de papel.

44

2. Pulido del borde. El trabajo se ha secado durante la noche.

3. Se extrae el bol. Ahora tenemos una forma de papel semejante a una semiesfera.

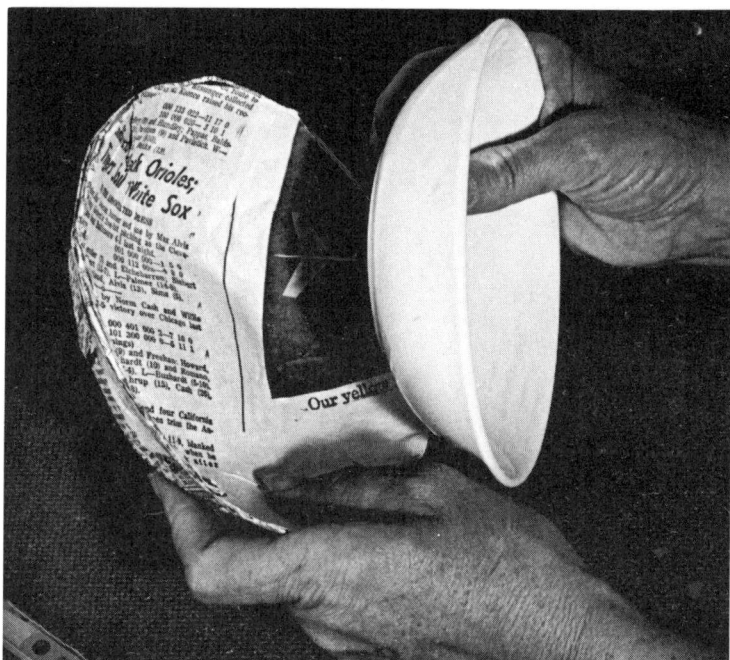

4. ¿Qué sucederá si fabricamos cuatro conos de papel de periódico y los pegamos en su lugar como patas de un extraño animal?

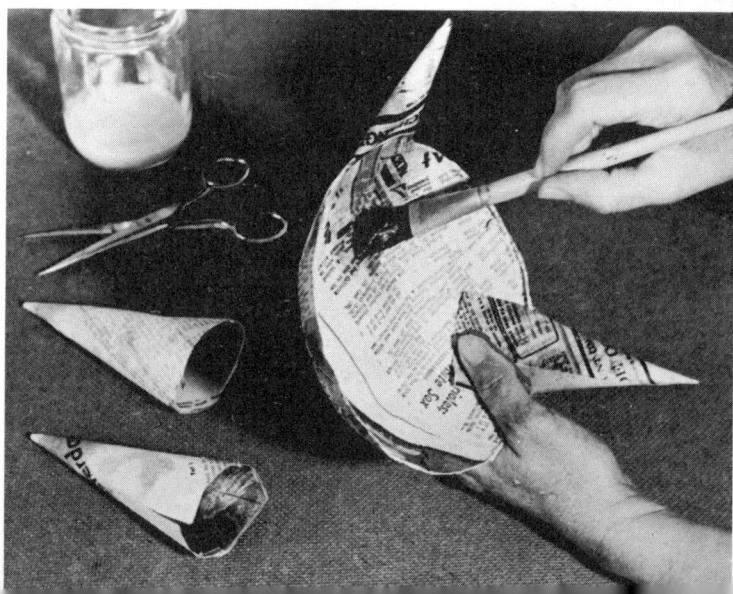

45

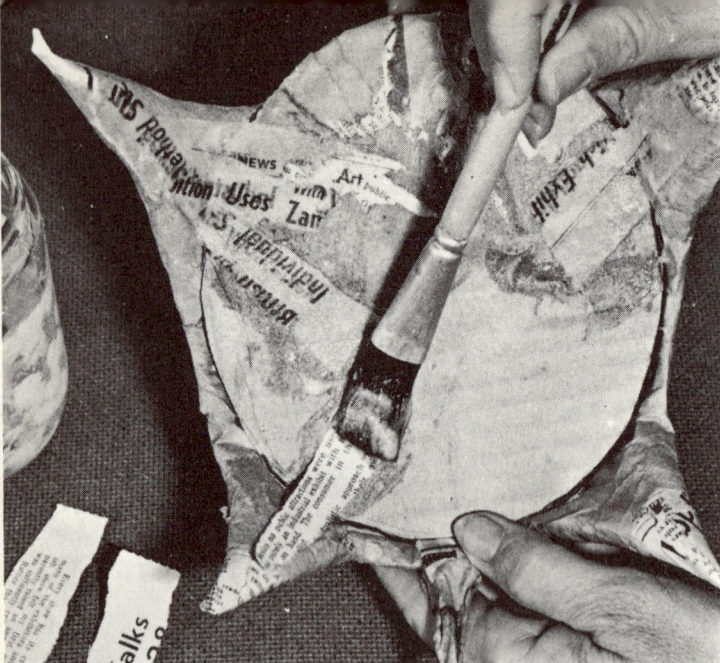

5. Se fija en el lugar correspondiente una elipse cortada en cartón ondulado para formar la panza de nuestro animalito.

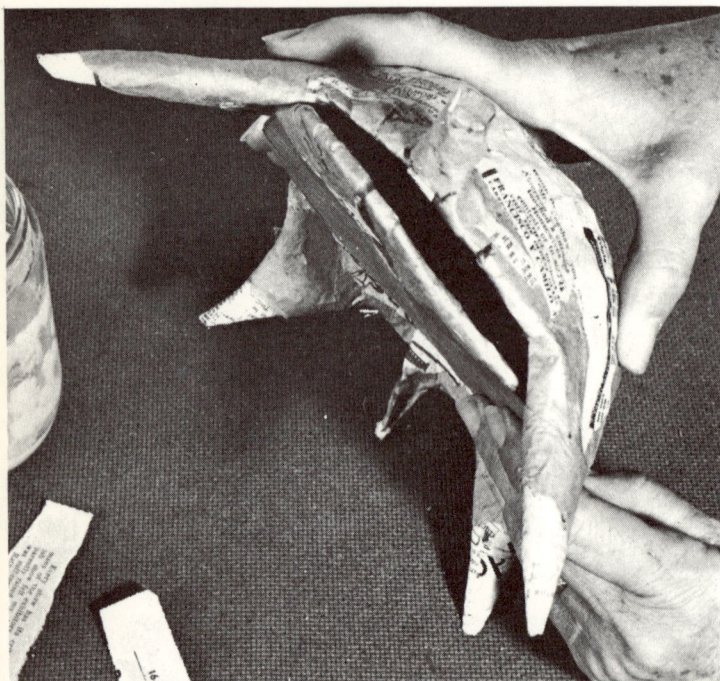

6. El borde del cartón que forma la parte de abajo sobresale ligeramente para formar la mandíbula inferior. Se ha fabricado un pequeño cono para constituir la cola, y un cilindro reducido forma el hocico.

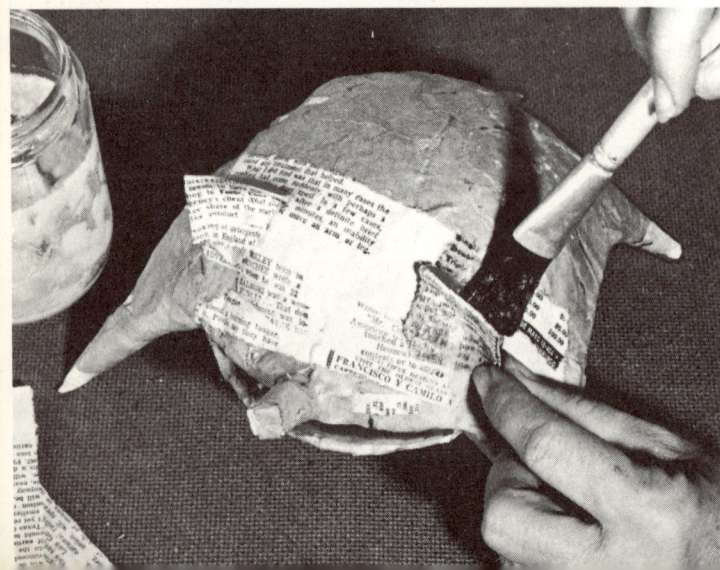

7. Se le añaden unas orejas de papel de periódico.

8. Las patas parecen demasiado largas y se recortan al tamaño apropiado.

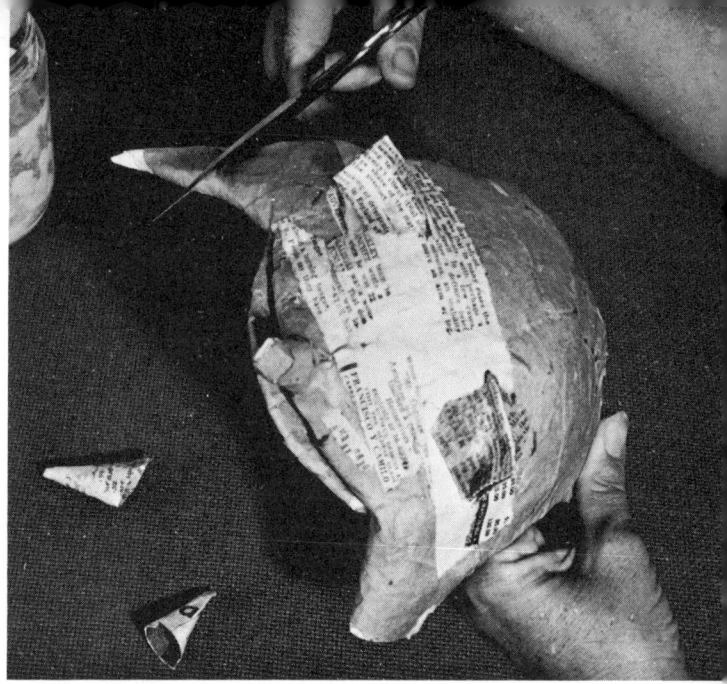

9. Se ha cubierto la superficie con otra capa de papel de periódico. Ahora se efectúan perforaciones para sostener lápices. Nuestro animal se está convirtiendo en un puercoespín.

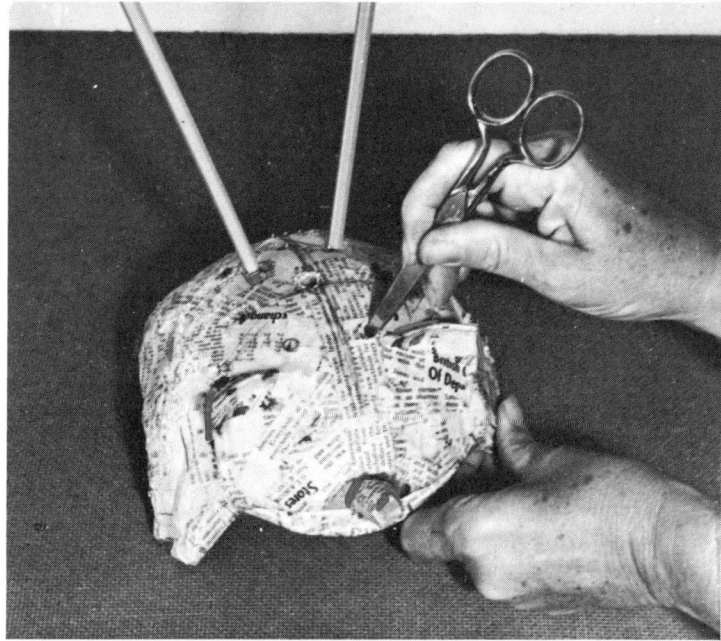

10. La superficie se había repasado con cola; ahora se aplica la pasta. Durante la operación se colocan lápices en los agujeros para que éstos no se obturen.

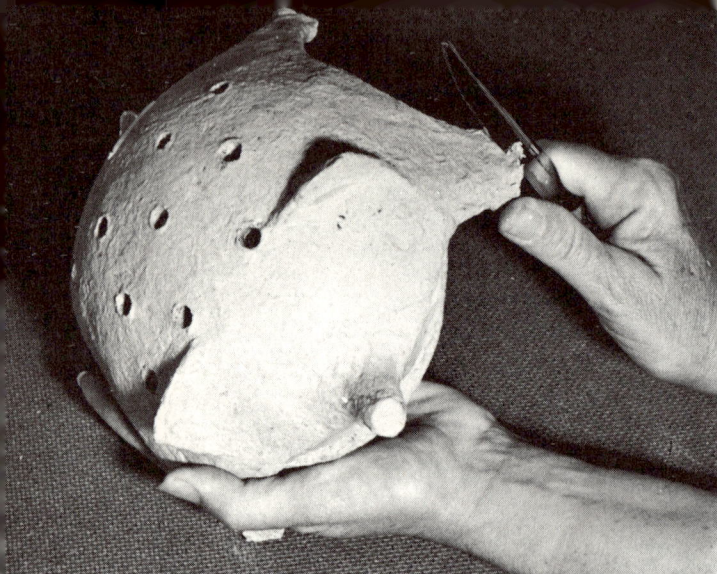

11. La pasta se ha secado. Ahora la figura se puede esculpir fácilmente con una navaja. Se perfilan los extremos de las patas.

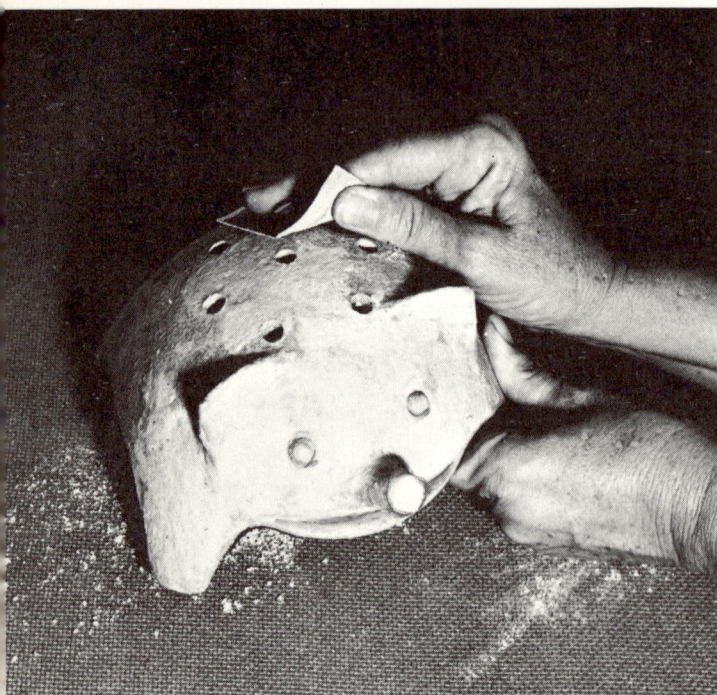

12. Lijado del animal. (Su nombre es Porky). Los ojos se confeccionan pegando dos diminutas bolas de pasta en el lugar apropiado.

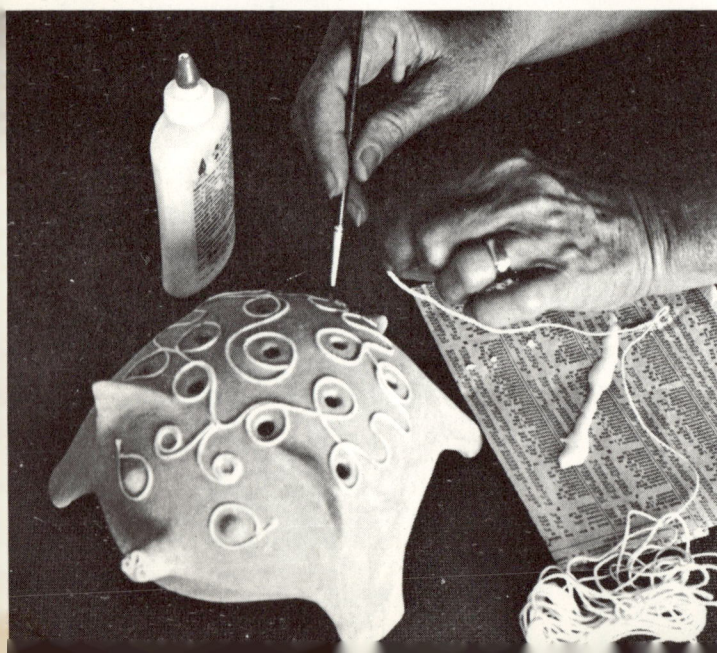

13. Porky ha recibido una capa de pintura acrílica lisa (rosa). Ahora está siendo decorado con bramante y cola, el método utilizado en la caja del capítulo 1.

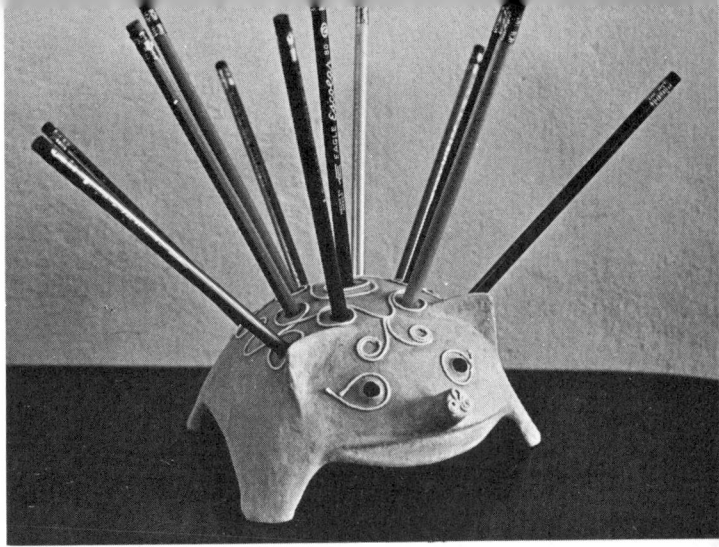

14. Porky está terminado, dispuesto para permanecer sobre un escritorio y prestar servicio a los que "nunca pueden encontrar un lápiz cuando lo necesitan".

Al confeccionar a Porky hicimos primero una construcción con tiras de papel de periódico, papel kraft y engrudo, y luego aplicamos una delgada capa de pasta. La construcción en papel no era absolutamente necesaria; cuando se ha adquirido soltura en el manejo de la pasta, ésta puede ser aplicada directamente a una horma o molde, envolviendo siempre primero éste con un trozo de papel para que la pasta no se le adhiera. He aquí los pasos necesarios:

## SERIE DE FOTOGRAFIAS 7

*Dos formas semiesféricas para confeccionar una lechuza*

1. Esta vez se utilizan dos cuencos. El papel de periódico humedecido se coloca primero sobre uno como separador y luego se aplica directamente la pasta como se ve en la fotografía. La pasta debe ser aplanada en forma de capa uniforme de un espesor algo mayor de 3 mm sobre toda la superficie del cuenco.

2. Se han formado y secado los dos cuencos. Se ha cortado un trozo de alambre forrado y se le ha dado la forma que se observa para hacer un par de patas. Ahora se pega el alambre en el interior de uno de los cuencos con papel y engrudo.

49

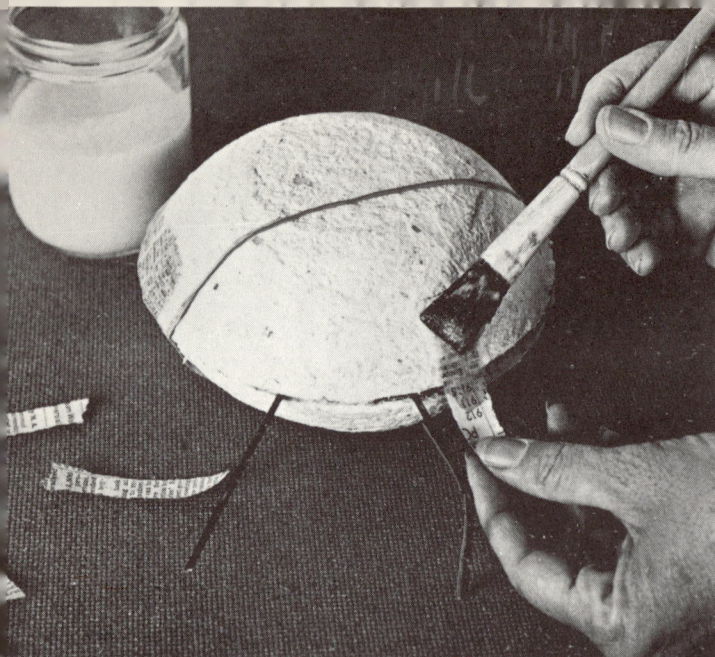

3. Los dos cuencos se mantienen unidos con una goma elástica mientras se pegan con engrudo sobre la juntura unas tiras pequeñas y estrechas de papel de periódico humedecido.

4. Confección de las patas con pasta. Para darles estabilidad, las patas se lastran con guijarros colocados dentro de la pasta al modelarlas.

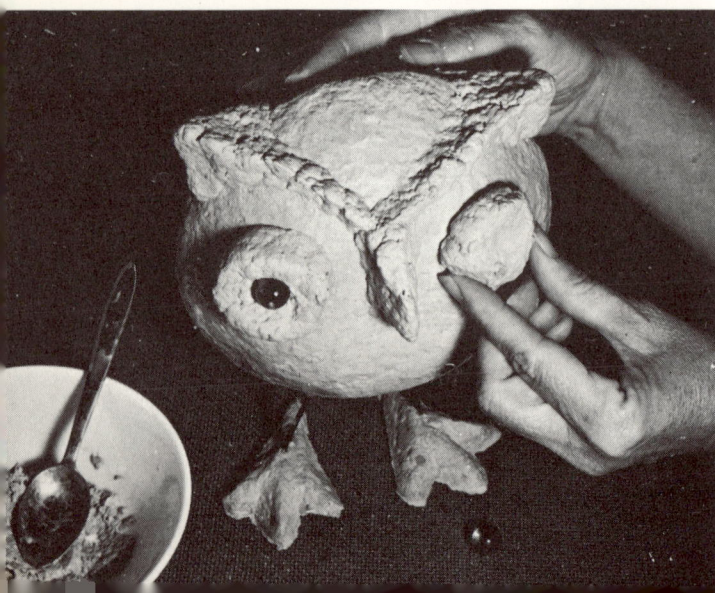

5. Las patas están secas y endurecidas; la lechuza puede tenerse en pie mientras se completa el modelado con adiciones de pasta. Se forman grandes ojos poniendo canicas por pupilas.

6. La lechuza está terminada. Se han utilizado pinturas al temple. Después de seca, la lechuza se roció con tres capas de laca.

Se pueden confeccionar cosas muy interesantes modelando pasta de papel sobre cuencos. Y aún más apasionantes si, en lugar de utilizar cuencos, utilizamos globos. El capútulo siguiente explica cómo.

# 5
# GLOBOS

**C**UANDO se confeccionan semiesferas sobre cuencos sólo se puede hacer cada vez una porción de esfera, la correspondiente a un cuenco; sin embargo, se puede construir una forma esférica de una vez si, en lugar de utilizar un bol, se aplica la pasta de papel a un globo. Veámos cómo se hace:

3. Bombonera o florero fabricado con masa prensada sobre la parte final de un globo.

## SERIE DE FOTOGRAFIAS 8

*Pegado del papel sobre un globo*

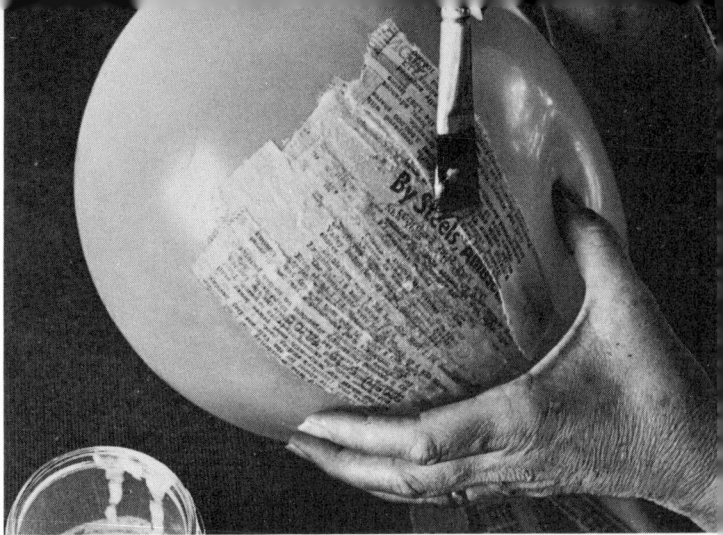

1. Se pegan con engrudo las tiras humedecidas de papel de periódico sobre toda la superficie de un globo grande. (No es necesario
poner antes aceites ni capas de separación sobre el globo).

2. Pegada la primera capa de papel de periódico, se aplicó sobre el globo una segunda
capa, utilizando papel de envolver marrón
(kraft). Aquí se está pegando otra capa de
papel de periódico. Un bol sostiene el material de trabajo en la posición correcta.

Confeccionar formas sobre un globo es muy divertido. En cierto
momento del proceso parecerá que el globo está perdiendo aire y se está
desinflando. Se debe a que el papel mojado y el engrudo enfrían la superficie del globo y el aire interior se contrae, de forma que éste pierde
volumen y la superficie del trabajo comienza a arrugarse. Cuando sucede esto, introducir el material en un horno caliente (pero apagado) durante unos minutos. Mediante esta operación se secará el papel de la superficie y al mismo tiempo se expandirá el aire del globo, que recupe-
rará su aspecto lleno y redondeado. *¡Pero mucho cuidado!* Si el horno
está muy caliente, el aire interior del globo se expandirá demasiado y el
globo estallará rompiendo su revestimiento de papel y habrá que volver
a empezar.

3. Al parecer, estamos fabricando algún otro animal. Se están colocando las patas. Esta vez, se han hecho con los cilindros de cartón que forman el núcleo de los rollos de papel higiénico. Dos cilindros forman las cuatro patas. Se cortan diagonalmente por el centro y las dos partes que resultan se fijan sobre el cuerpo con tiras de papel de periódico mojado.

4. Se acaban de fijar las patas. Las aberturas en el extremo de las mismas se cerrarán con trozos de papel de periódico.

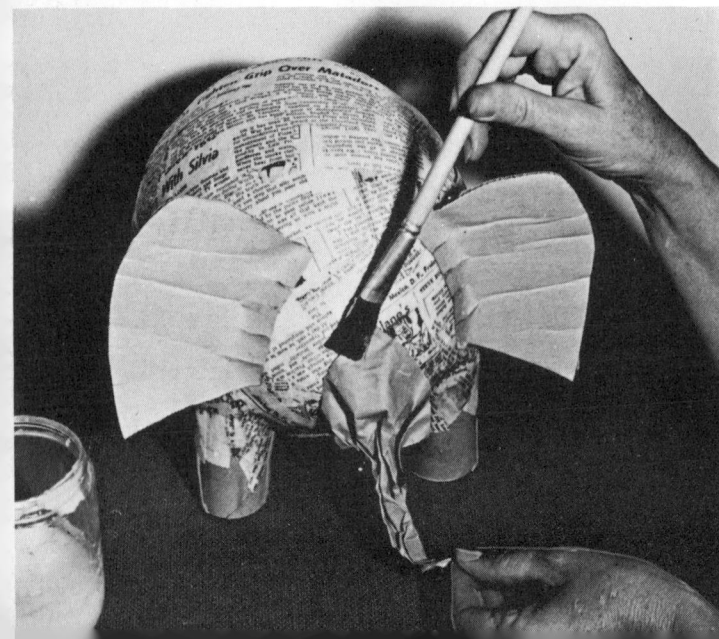

5. Nuestro animal se va convirtiendo en un elefante. Se han pegado con engrudo en el lugar correspondiente las orejas de cartón acanalado. Ahora se fija un trozo de papel de envolver marrón, arrugado y curvado, para formar la trompa.

6. Se completa la formación de la trompa enrollando tiras de papel de periódico humedecido alrededor de la misma y pegándolas con engrudo.

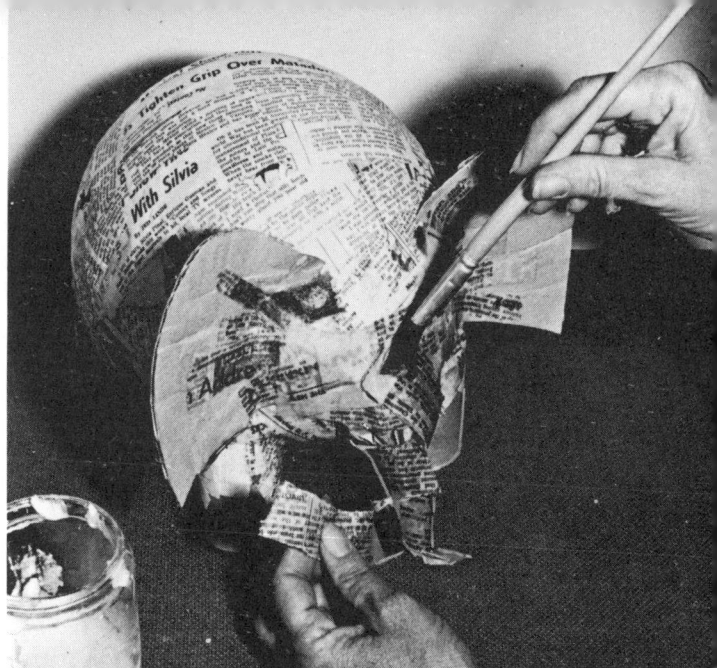

7. Aplicación de la pasta. Aquí se aplica la pasta a cucharadas y se allana con una navaja. (Previamente, se había dado una capa de cola a la superficie.) Este proceso continuará hasta que toda la superficie esté cubierta con una capa de pasta delgada y uniforme. La cuchara y la navaja deben introducirse en agua de vez en cuando y secarse con una esponja.

¿Dónde está el globo? Todavía está dentro del elefante. Esta es una de las ventajas de utilizar globos: se pueden dejar dentro de los objetos modelados y olvidarlos.

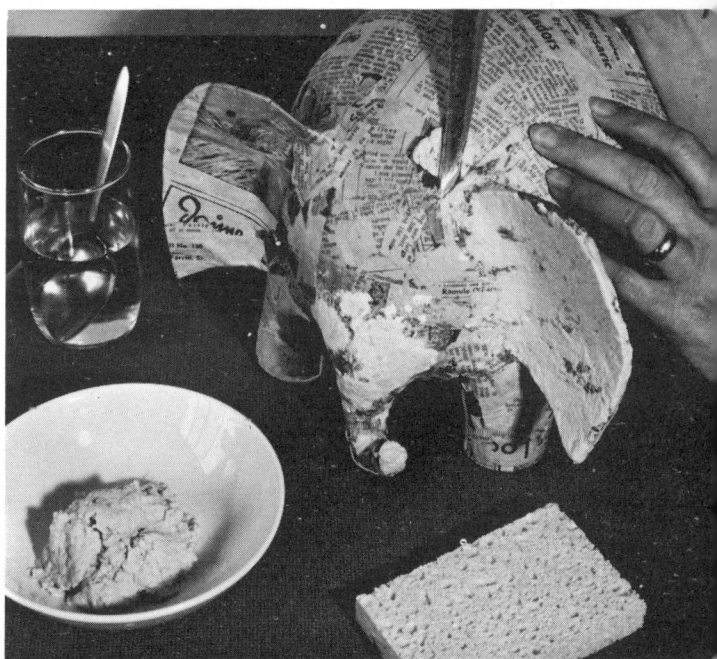

8. Lijado. Cuando se ha secado la pasta, puede lijarse si es necesario. Sin embargo, si se trabaja bien la capa de pasta sobre papel no será necesario el lijado. La pasta, al secarse, no tendrá una superficie suave como la porcelana, pero sí semejante a la cáscara de naranja, que es perfecta para algunos objetos.

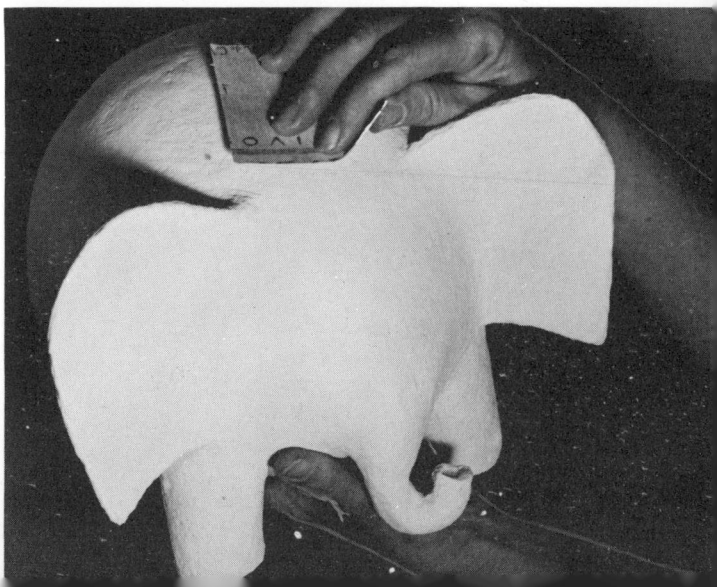

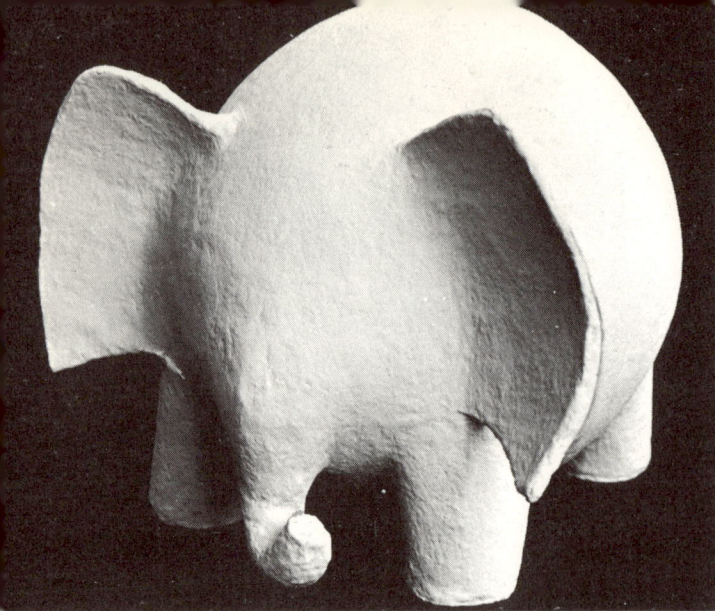

9. El animalito ha recibido una capa de pintura acrílica al agua blanca.

Esta figura terminada se muestra en la ilustración en color 7. La decoración se efectuó con pinturas para carteles y laca dorada. Cuando los colores estuvieron secos se roció con cuatro capas de laca transparente.

El elefante de la última serie de fotografías se confeccionó pegando con engrudo tiras de papel sobre un globo. ¿Se puede aplicar directamente la pasta sobre el globo sin una construcción preliminar en papel? Sí se puede, pero con un globo grande no es fácil. Las grandes superficies de pasta húmeda son difíciles de manejar. Sin embargo, si se utiliza un globo más pequeño, se puede aplicar directamente la pasta sobre la superficie. Intentémoslo.

## SERIE DE FOTOGRAFIAS 9
*Un par de pájaros-globo*

(¿Cuáles son los pájaros-globo? ¡Pájaros confeccionados sobre globos, naturalmente!)

1. Se aplica un puñado de pasta sobre la superficie de un pequeño globo en forma de pera.

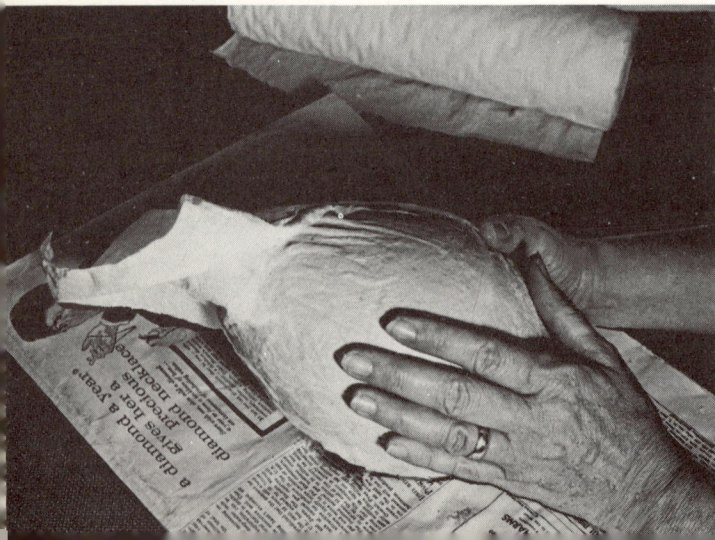

2. Cuando se ha cubierto toda la superficie con una capa uniforme, de un espesor ligeramente superior a 3 mm, se envuelve el globo en toallas de papel, como vemos en la fotografía, que absorben en parte el exceso de humedad.

56

3. Al retirar las toallas, nuestra obra en forma de pera está dispuesta para el secado. Es un proceso muy simple, así que vamos a revestir otro globo de la misma forma.

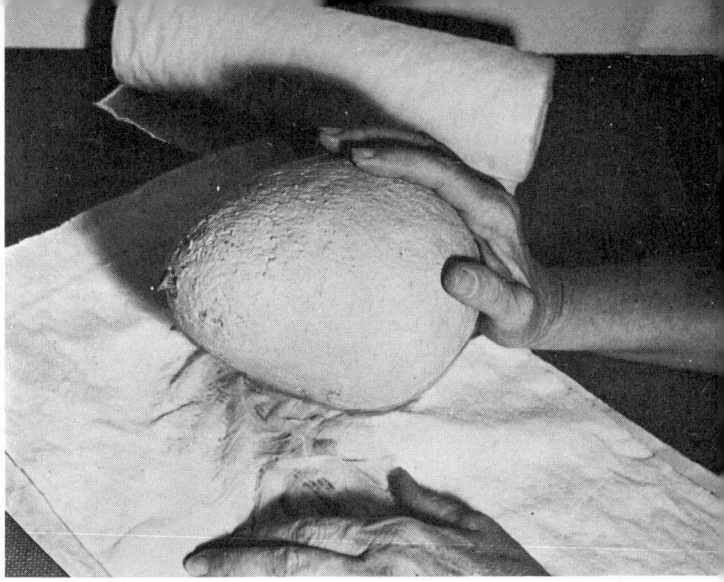

4. ¿Qué se puede hacer con las dos peras? Muchas cosas, por ejemplo, un par de pájaros, uno con patas largas, el otro con patas cortas. Los cuerpos se colocan en posiciones contrarias: en uno la parte ancha arriba, en el otro, abajo. Las patas se hacen con alambres forrados. Las palmas son moldeadas provisionalmente con plastilina.

Se han confeccionado los picos con papel, engrudo y pasta. Los ojos son dos bolitas de pasta; se intenta poner, a guisa de cresta, un limpiapipas.

5. Fijado de las patas del pájaro alto al cuerpo. Una porción de la corteza se ha cortado con un trinchete. Los extremos de las dos largas patas se fijan en su lugar en el interior del cuerpo con engrudo, papel y pasta. Cuando se ha hecho esto, la porción de cuerpo cortada se vuelve a colocar en su lugar y se tapa la juntura con papel y engrudo.

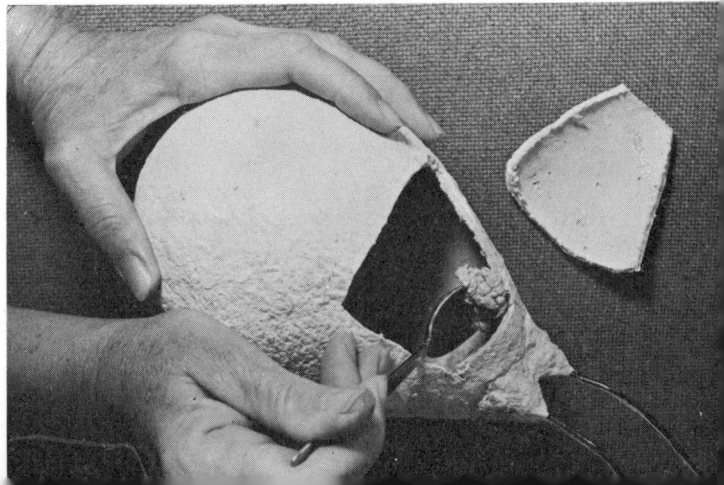

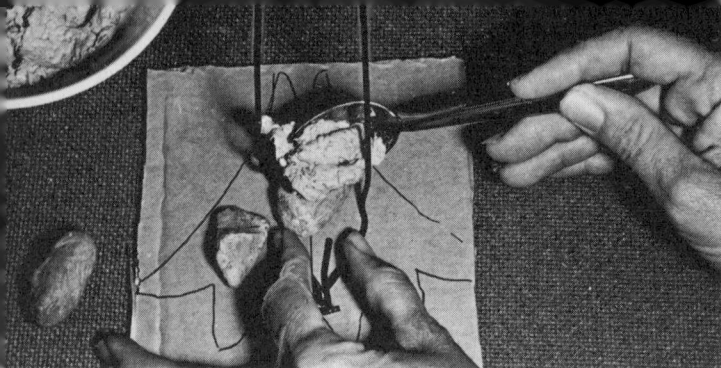

6. Las palmas del pájaro alto. A causa de sus largas patas, las palmas deben ser grandes y pesadas, para equilibrar. Aquí las dos palmas se modelan juntas sobre una pieza de cartón con varios guijarros en su interior.

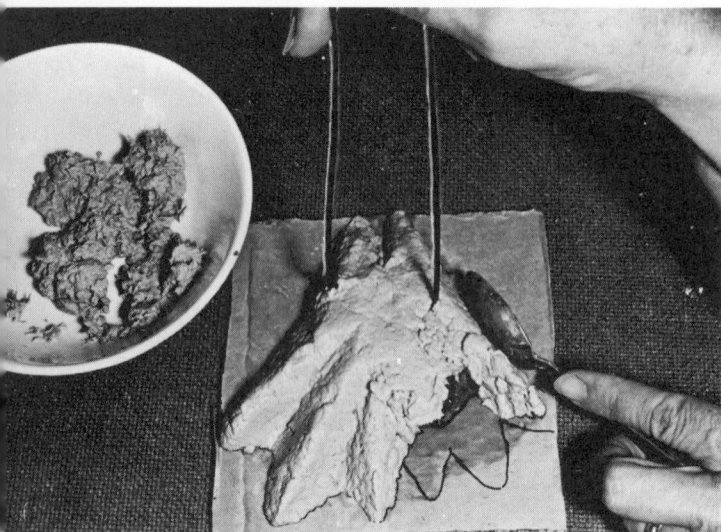

7. Acabado de las palmas. Las patas y palmas del pájaro pequeño se formaron y fijaron en su lugar de la misma forma que las de su compañero patilargo.

8. El modelado de los dos pájaros ha concluido.

58

9. Los pájaros terminados. El pequeño se pintó con esmaltes aplicados directamente sobre la pasta endurecida. El patilargo se pintó con colores al temple y se le aplicaron varias capas de laca. Las crestas son de papel de colores laminado.

## Laminación

Si se pegan con engrudo dos o más pedazos de papel y luego se enrollan o retuercen dándoles forma mientras el papel esté húmedo, la forma se mantendrá cuando se seque. Este es un procedimiento muy útil en las esculturas de papel. Utilizaremos este procedimiento en joyería, en el capítulo 9.

# 6
# ESCULTURAS
# DE
# PAPEL

CUANDO un artista comercial habla de esculturas de papel, se refiere a las formas confeccionadas cortando, enrollando, doblando y pegando el papel. Por este procedimiento se crean objetos divertidos y originales; de vez en cuando aparecen como desplegables en las ventanas de un gran almacén y en anuncios de fotógrafos. Es una sofisticada forma de arte, y las personas que la crean tienen gran talento, aunque las cosas que hacen son efímeras, es decir, que se goza de ellas durante un breve espacio de tiempo y luego se desechan.

Tratamos principalmente en este libro de la confección de objetos de papel más duraderos, pero vamos a decir unas palabras acerca de las creaciones efímeras: obsequios para fiestas, ornamentos para árboles de Navidad, etc. La ilustración 5 muestra una figura muy indicada para adornar la mesa la mañana de Pascua: un conejo sosteniendo un huevo de chocolate. Esta figurita se confeccionó cortando un patrón como el

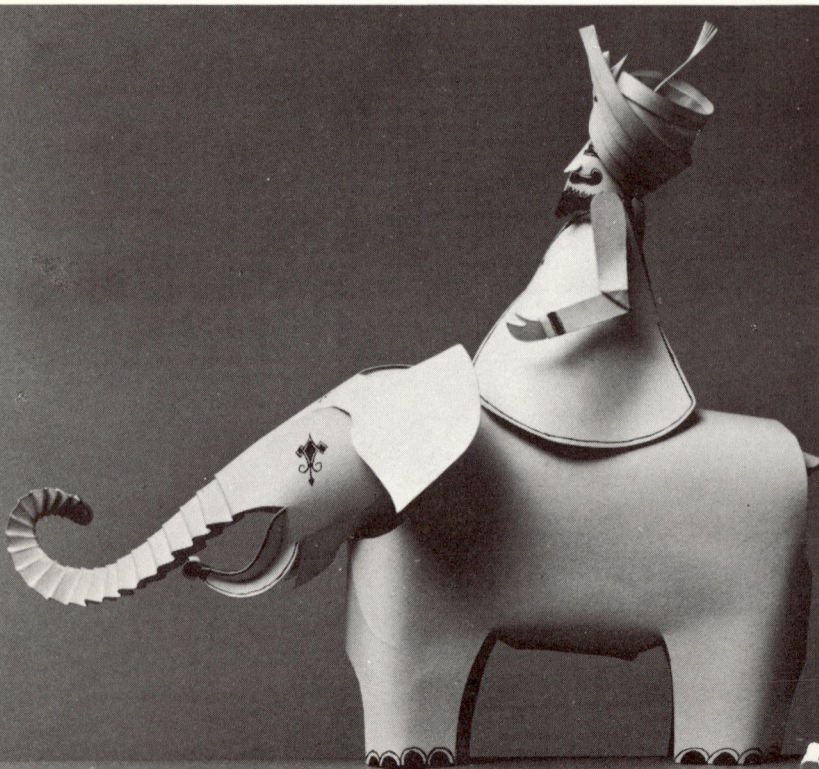

4. Elefante y Rajah —escultura de papel. (Fotografía de *Ben Gonzales, Jane Lander Asociados)*

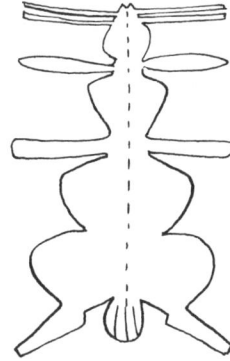

5. Conejo de Pascua con
un huevo decorado.

que se muestra en el dibujo, plegándolo como se indica y pegando con
trocitos de cinta de celofán el cuello, el cuerpo y los extremos de las patas delanteras.

El perro guardián que muestra la ilustración 6 se encontró bajo el
árbol una mañana de Navidad con un reloj de pulsera alrededor del
cuello: un regalo para una niña. Tuvo tanto éxito que continúa de guar-
dia todas las noches sobre la mesilla, portador nocturno del reloj.

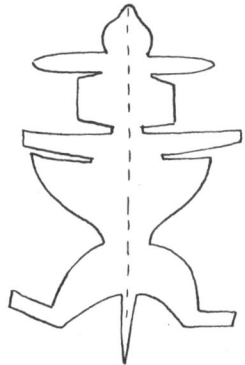

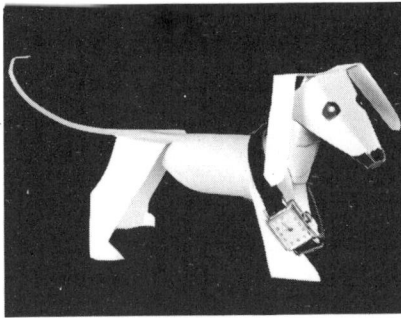

6. Perro reloj.

7. León fabricado de masa, prensado sobre un modelo de cartulina recortada.

El león de la ilustración 7 es más sólido. También comenzó siendo un patrón recortado como se ve en la ilustración 8. El modelo se plegó y se le dió una capa de cola para hacerlo más fuerte; luego se le aplicaron porciones de pasta blanca. La melena se confeccionó con papel kraft mojado y arrugado.

Las esculturas en papel no tienen por qué ser siempre efímeras. Se pueden modelar directamente con papel objetos duraderos y conseguir

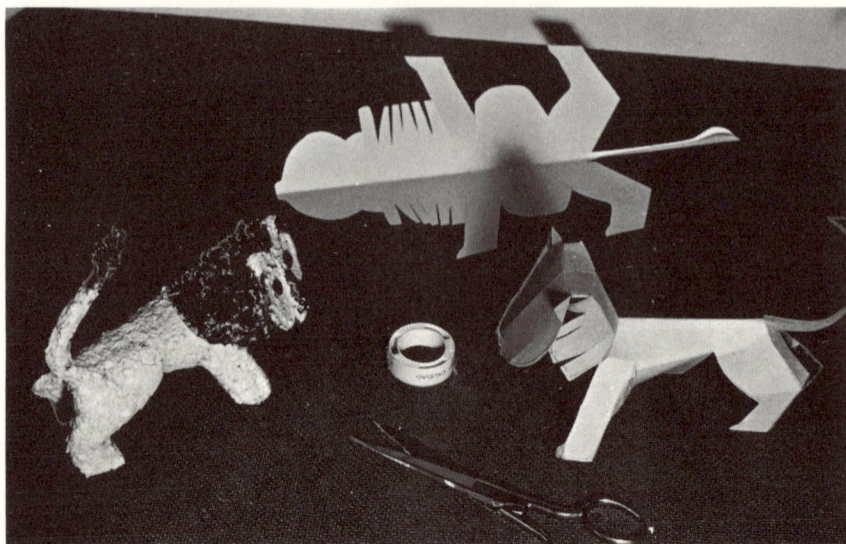

8. Fases para fabricar el león.

que sean fuertes y estables. Prácticamente no hay límites para el tema o el tamaño elegidos. Vemos aquí los pasos en el modelado de un gato, comenzando por un paquete de papel.

## SERIE DE FOTOGRAFIAS 10
*Gato reclinado*

1. Se ha rellenado de papel de periódico arrugado un envoltorio del mismo material, dándole la forma de una gruesa salchicha. Alrededor del paquete se pegan con engrudo unas tiras de papel de periódico. Se rasga un trozo de papel de periódico de 9 cm de ancho; se le aplica el engrudo con un pincel; se dobla una tercera parte de la anchura sobre el centro; se le aplica engrudo de nuevo y se dobla el otro lado sobre éste. Obtenemos así una tira de papel pegado con engrudo con tres capas de espesor y alrededor de 3 cm de ancho. Estas tiras se aplican como si fueran vendajes alrededor del paquete de papeles para darle forma.

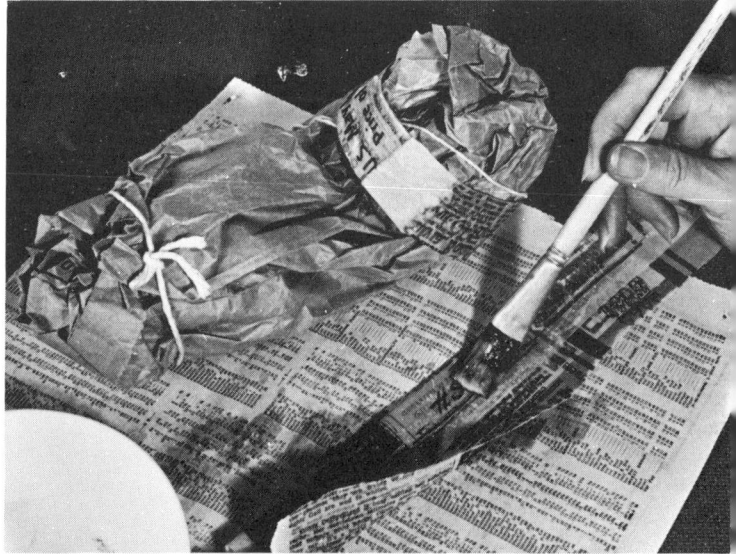

2. Se han enrollado más tiras y se han pegado con engrudo en la posición adecuada.

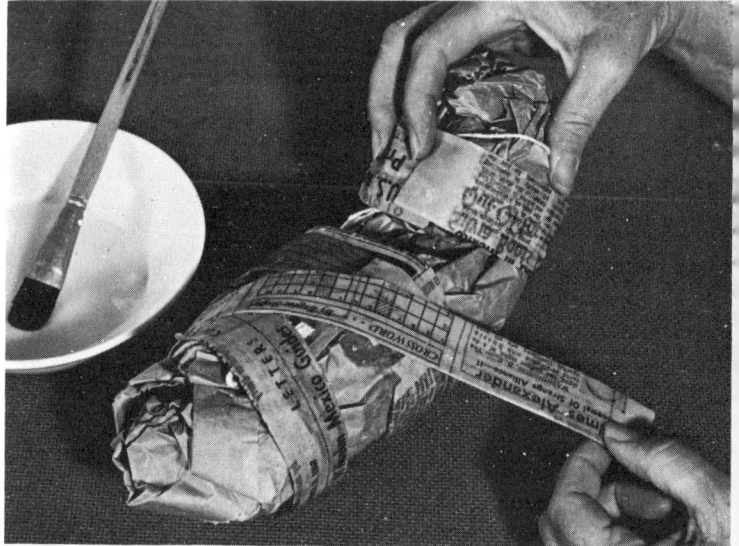

3. Se ha recubierto todo el cuerpo con papel kraft marrón pegado con engrudo. Se ha modelado la cabeza de forma rudimentaria y se ha formado un esbozo de las orejas. Se han confeccionado unos tubos de papel kraft mojado para formar las patas y la cola. Los pedacitos de papel kraft que están en remojo en el bol de pasta se utilizarán para modelar los detalles.

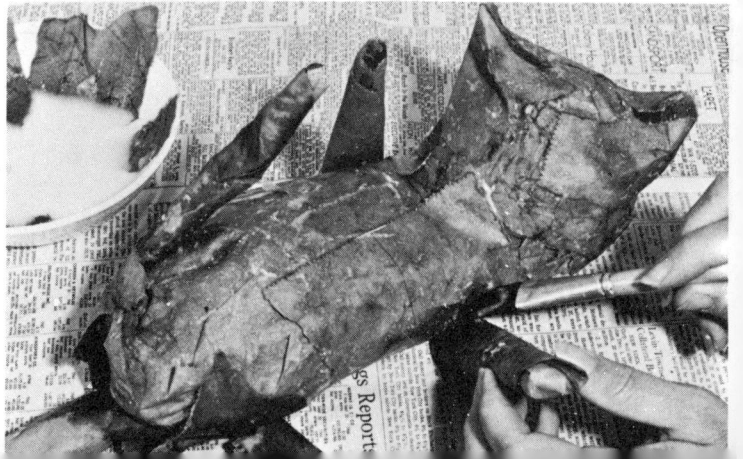

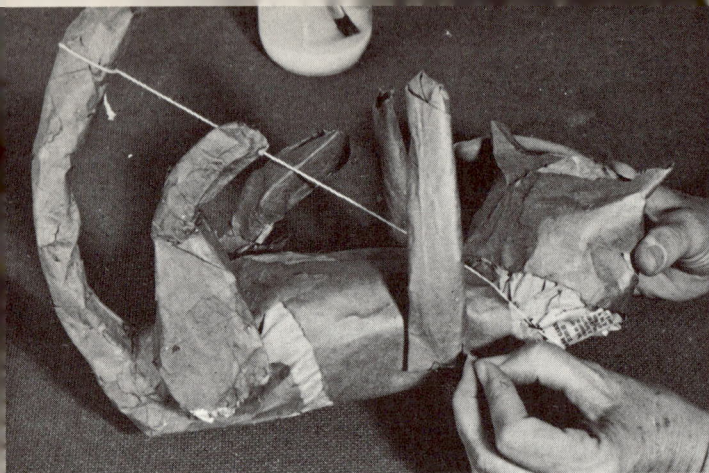

4. Se le ha dado forma a las patas y a la cola. Aquí la pata delantera izquierda se sujeta con alfileres al cuerpo. La cola se mantiene en su posición con un trozo de cuerda.

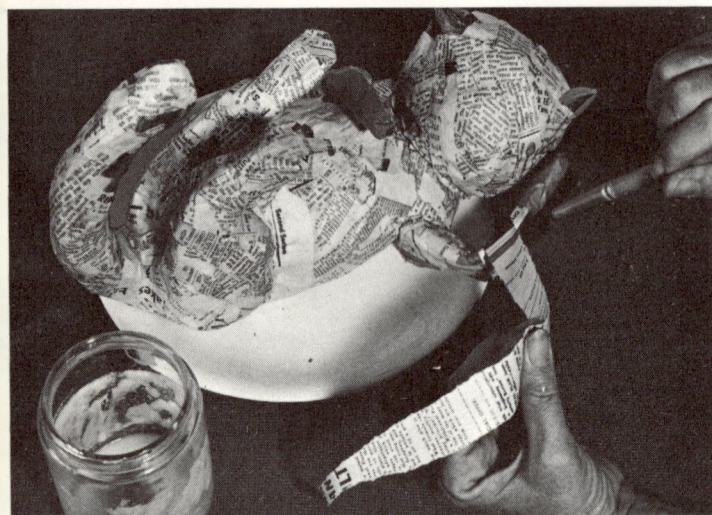

5. Se continua el modelado con tiras de papel mojado y engrudo. La figura descansa sobre un plato sopero, que sirve como plataforma. El trabajo se mantiene en la posición correcta y puede ser girado fácilmente.

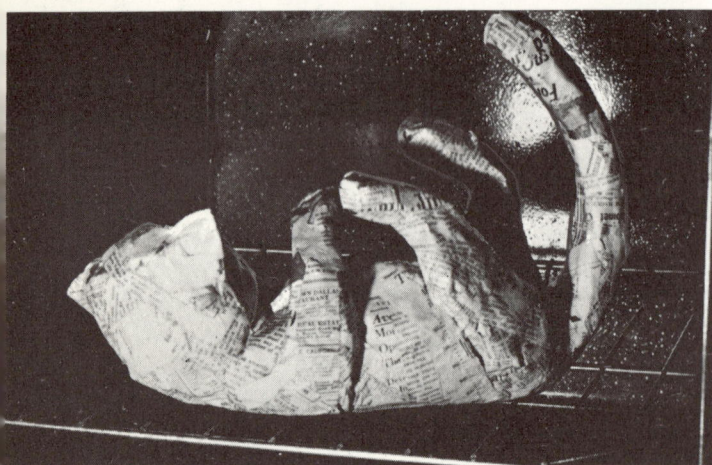

6. En el horno para que se seque.

7. La escultura de papel se ha cubierto completamente con una capa de pasta (antes de aplicar la pasta se dió a la figura una capa de cola diluida). La pasta se ha secado. Ahora se remata la superficie con un lijado. Se han esbozado unos rasgos de prueba.

64

8. El gato terminado.

Estas esculturas no tienen necesariamente que comenzar por un paquete de papel. Se puede construir un armazón de cartón acanalado sobre el cual se pegue el papel con engrudo, como se muestra en la siguiente serie:

## SERIE DE FOTOGRAFIAS 11
*Una cabeza estilizada*

1. Se construye con cartón acanalado un armazón para el cuello y los hombros.

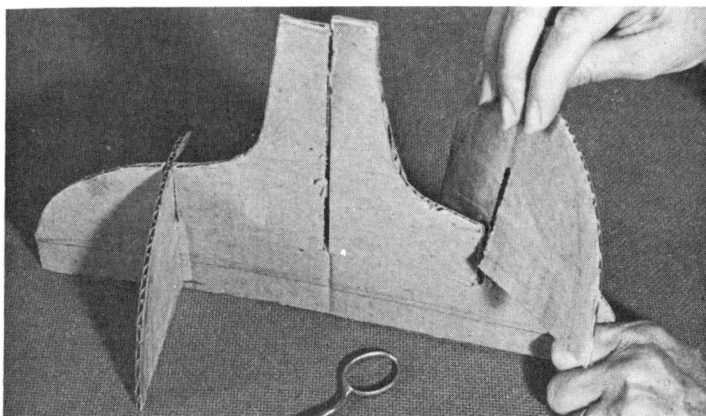

2. Se han enrollado unas tiras de papel como las utilizadas en la confección del gato, alrededor de la porción vertical para formar el cuello. Se mantienen con clips otras tiras para formar los hombros y la línea del busto. Se ensaya el tamaño de un globo cubierto con papel de periódico, colocándolo en la posición correspondiente.

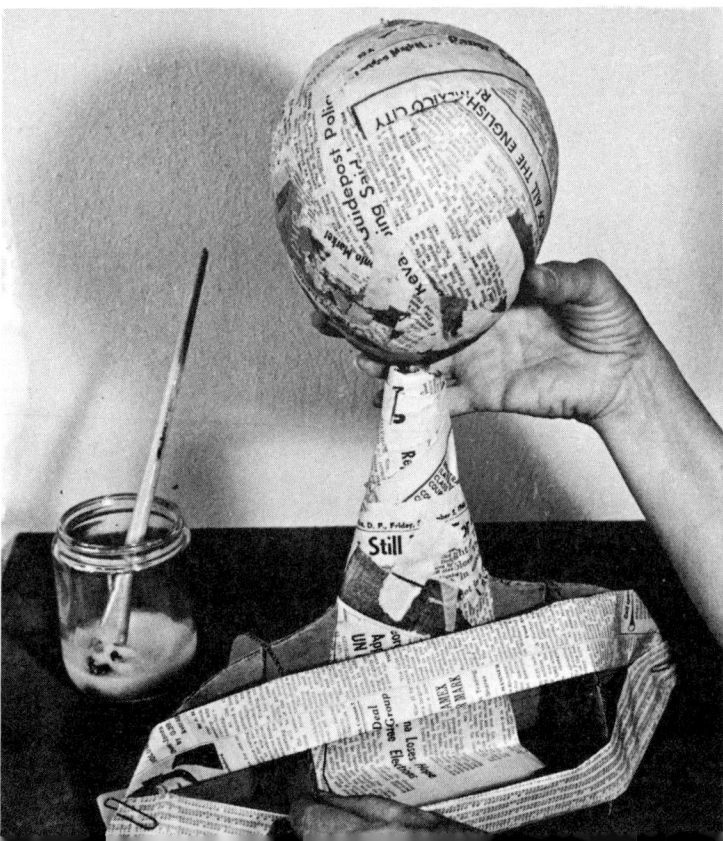

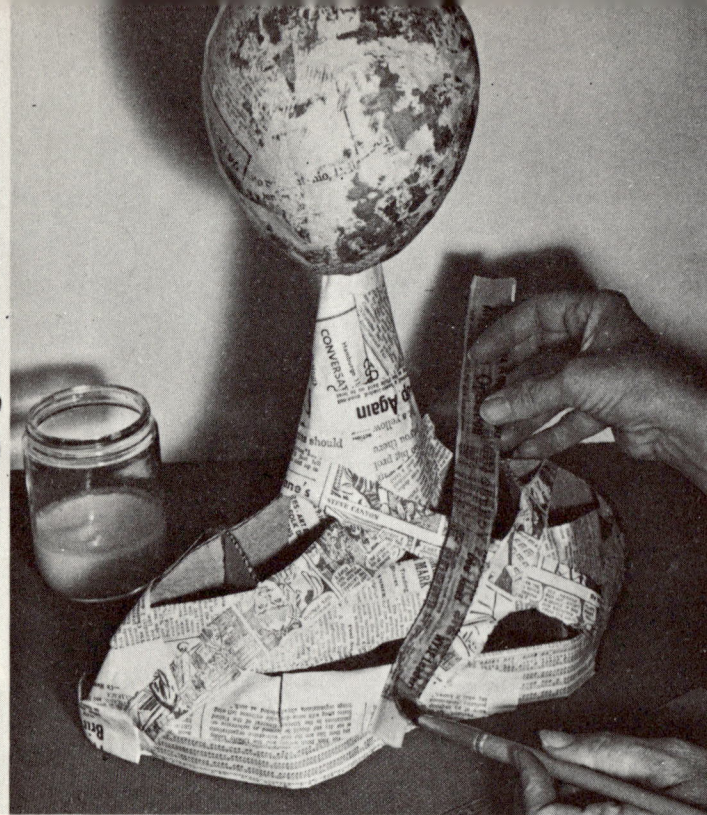

3. La cabeza se ha pegado con engrudo en su lugar (previamente pulida con papel de lija). Se han utilizado tiras de papel para confeccionar los hombros y el busto. En esta operación se utiliza gran cantidad de engrudo.

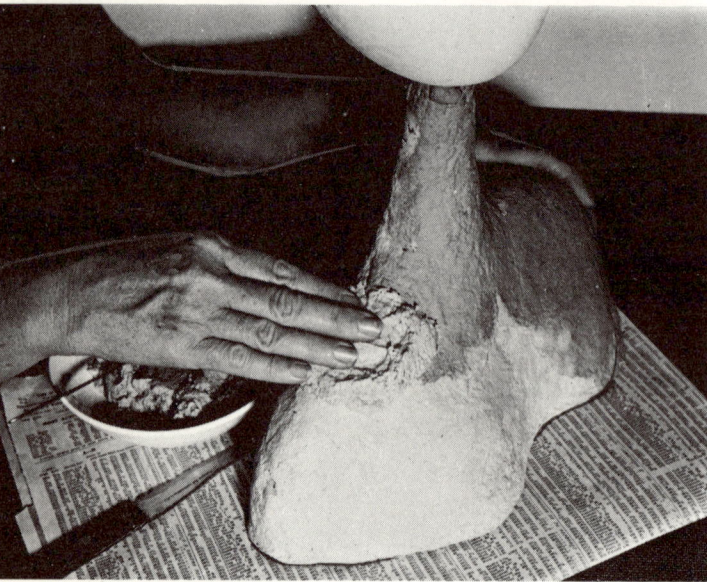

4. Una vez terminada la construcción con el papel de periódico y después de que ésta esté seca, se elabora la superficie final aplicando pasta de papel. La pasta se coloca con la yema de los dedos. Cuando esté seca la masa, se cubre con una capa de escayola.

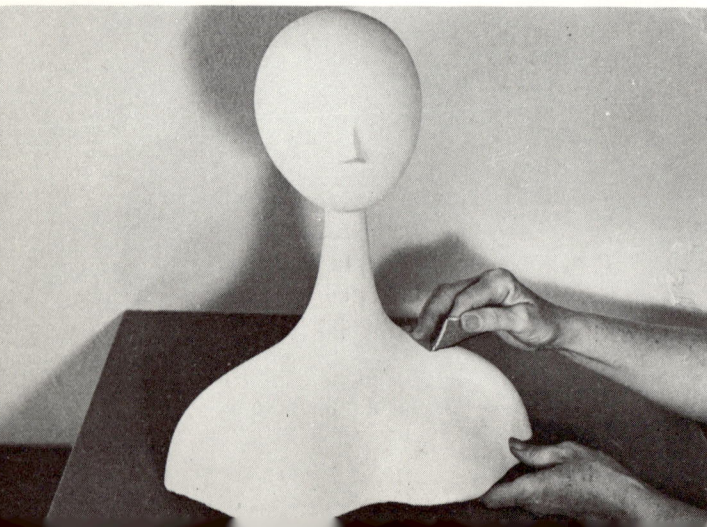

5. Acabado. Se le ha añadido una nariz de pasta. Después de lijar suavemente toda la superficie, se le aplicó una capa base de escayola. En la foto, después de haberse secado la base, se da un último lijado a la escultura; una vez hecho esto, se aplicarán tres capas de laca con acabado mate.

¿Cómo, ni ojos, ni pelo, ni decoración con pinturas? No, en esta pieza no. Este es un ejercicio de formas puras.

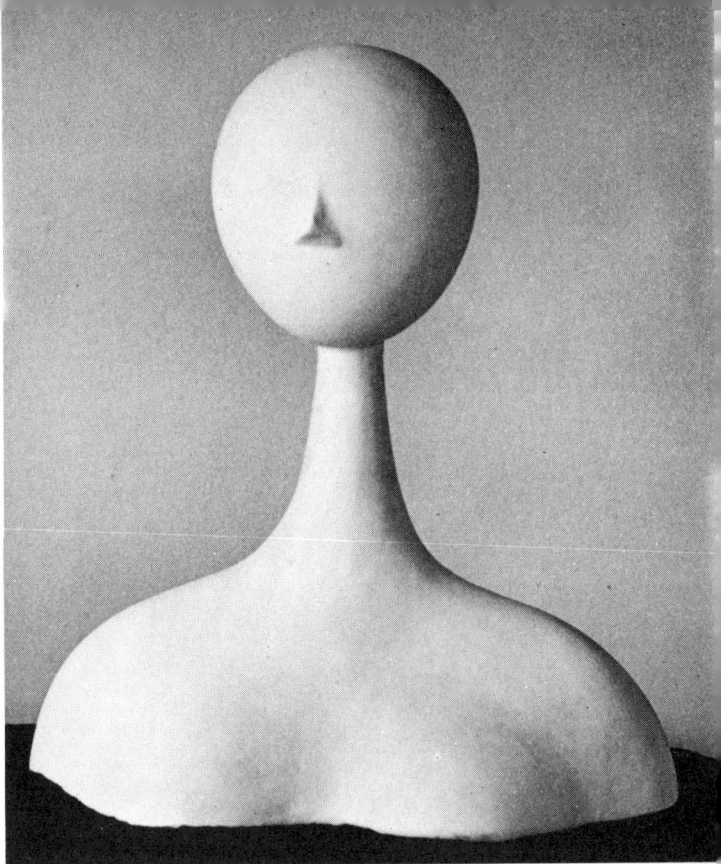

6, 7 y 8. El busto terminado. Se crean juegos de luz y sombras que cambiarán constantemente con la luz del sol. *(Fotografías de Roy Rosen).*

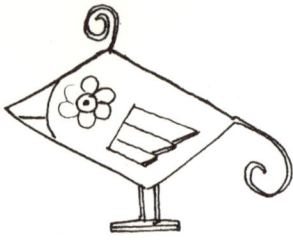

9. Escenario en una tienda de piñata.

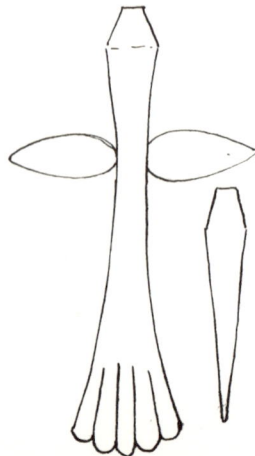

La siguiente serie de fotografías ilustra dos métodos diferentes de modelar un león de papel.

## SERIE DE FOTOGRAFIAS 12
*Leones*

1. Se trata de construir una forma de león con tiras de papel de periódico empapadas en almidón líquido. Se utilizó como soporte inicial el núcleo de cartón de un rollo de papel higiénico. No se utiliza pincel: el modelado se efectúa con los dedos.

2. El modelado del cuerpo se completa con pasta. La melena se confecciona con tiras de papel de periódico empapadas en almidón; la cola es un limpiapipas bañado en almidón y recubierto con tiras de servilletas de papel.

Cuando la pasta estuvo seca, se pintó el cuerpo de la figura con pintura al agua para paredes, blanca, a la que se había añadido pigmento rojo en polvo. La melena se pintó en rosa con brocha, y una vez seca, se dió a los bucles un toque de laca dorada. El león terminado se muestra en la ilustración en color 22.

69

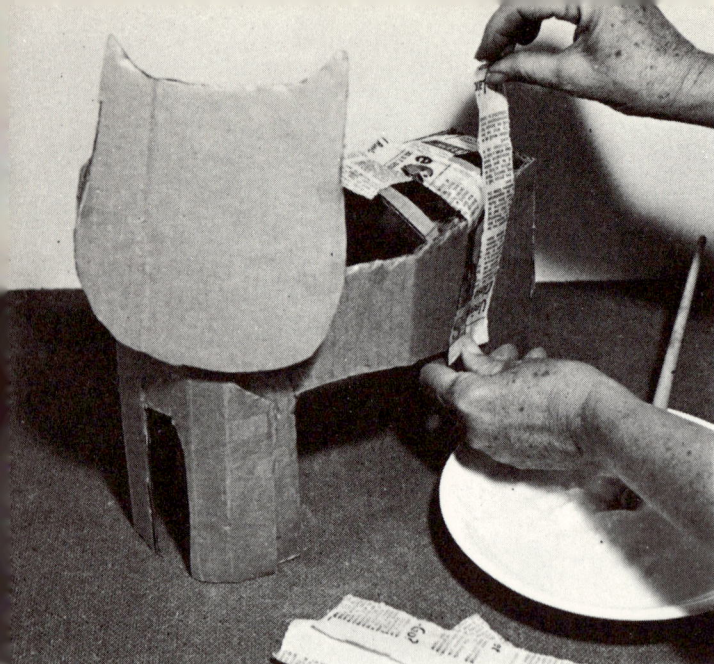

3. Otro león. Se cubre un armazón en cartón con tiras de papel de periódico empapadas en engrudo diluido. La mayor parte del modelado se efectúa con los dedos.

4. El león terminado. El cuerpo se pintó con esmalte azul; para la cara se usó esmalte rosa y la melena se pintó en oro. Se pegaron con engrudo sobre el cuerpo unas cuantas flores recortadas en papel de colores; y luego se trazaron los contornos con pintura blanca. (¿Por qué tienen que ser todos los leones iguales?)

La siguiente serie muestra otro tipo de escultura en papel: la confección y vestimenta de una estatuilla.

## SERIE DE FOTOGRAFIAS 13
*Una cantante*

1. Se construye una estatuilla de 25 cm de altura sobre un trozo del núcleo de un rollo de toallas de papel. El cuerpo se ha modelado rudimentariamente con papel de periódico empapado en cola diluida. La cara se modela con pasta.

La falda se confecciona con un círculo cortado en papel blanco de dibujo, empapado en cola diluida. Un pañuelo de papel, también empapado en cola, forma una sobrefalda.

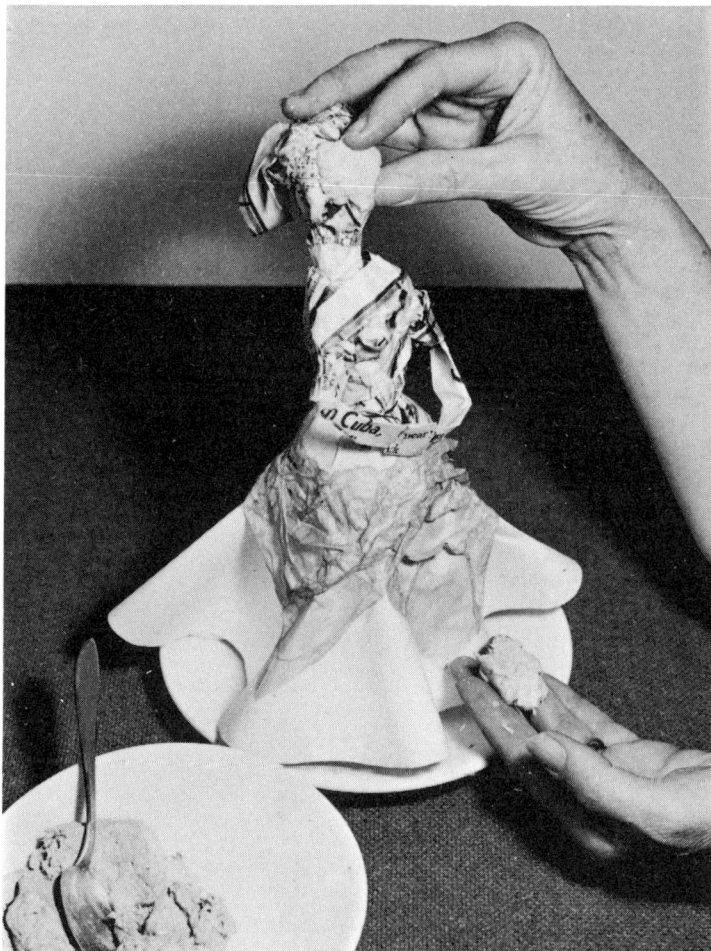

2. El modelado de la figura ha avanzado. Se ha utilizado pasta para las facciones, los brazos, el busto y el peinado.

Una tira de papel calado, recortada de un pañito de papel de los que imitan encaje, se utiliza para rematar el borde de la falda.

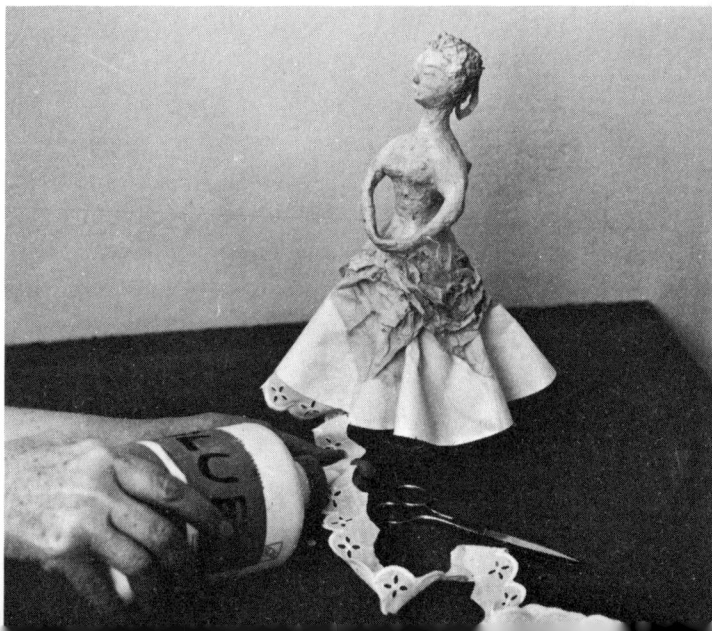

3. El trabajo terminado.

## Vestimenta

Se puede crear un vestido sobre una estatuilla con un drapeado de retales de lencería vieja de algodón. La tela se empapa en engrudo o cola diluida. La sustancia adhesiva se extiende en la tela con los dedos y luego se elimina el exceso. El tejido saturado se fija sobre la figurilla mientras tanto ella como el tejido están aún húmedos. Los remates de bordados y encajes pueden drapearse y adherirse del mismo modo. Los artistas que trabajan con estos materiales son capaces de crear trajes muy elaborados.

Las esculturas de papel se pueden confeccionar de muchos modos; hemos examinado algunos de ellos. Veámos otros.

Un método especialmente indicado para hacer máscaras se basa en la plastilina. La cara se modela en plastilina y se forma un cuenco pegando capas de papel con engrudo sobre el modelo. Cuando el papel se seca, la máscara se separa. Este método se puede utilizar para pequeñas figuras exentas, como veremos en las series de fotografías 24 del capítulo 10.

Existen muchas formas de abordar la escultura. Las creaciones pueden ser divertidas o austeras, realistas o estilizadas, de inspiración clásica o ultramoderna. El papel y la pasta se prestan a casi cualquier tipo de expresión. Cuando se trabaja con este material y se adquiere soltura, se encuentran los métodos más apropiados para cada uno y se desarrolla el estilo individual.

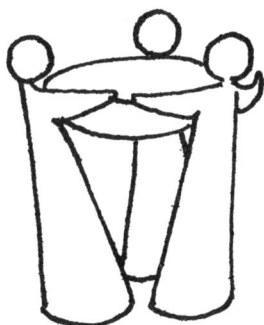

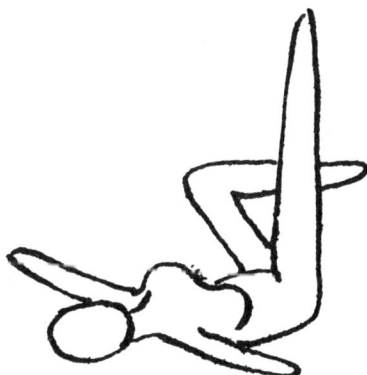

# 7
# PRENSADO
# EN
# MOLDES

En el capítulo 4 confeccionábamos formas prensando la pasta de papel sobre la superficie exterior de un bol. Si en lugar de ello, prensamos la pasta sobre la superficie interior de un plato, obtendremos una forma más exacta con una superficie más lisa. Estos son los pasos necesarios para confeccionar una forma de papel utilizando un plato de sopa como molde.

## SERIES DE FOTOGRAFIAS 14
*Prensado de un disco*

1. Se da una capa de petróleo a un plato sopero. Luego se absorbe el exceso de petróleo con una toalla de papel dejando una película delgada y uniforme sobre el plato. Aquí se está prensando la pulpa de papel dentro del plato. Se trata de pulpa sin ningún añadido. La pasta fabricada según la receta del capítulo 2 se quedaría adherida al recipiente aunque se usase una generosa capa de vaselina. La cucharilla se utiliza para prensar en una apreta-

da y compacta capa de 6 mm de espesor. El exceso de humedad se puede eliminar de la pulpa mediante toallas de papel.

Cuando se ha formado la capa, el recipiente se vuelca para el secado. El trabajo puede dejarse toda la noche sobre varias capas de papel de periódico o acelerar el secado volcándolo en un horno caliente sobre tres o cuatro hojas de papel.

2. La capa de pulpa se despega fácilmente cuando se ha secado. Como el material no contiene cola, es blando y puede romperse con facilidad; una capa de cola esparcida sobre la superficie en este momento le prestará gran fortaleza.

¿Qué podemos hacer con el disco que hemos confeccionado? ¿Por qué no hacemos una placa mural con el diseño de un sol?

3. Se ha cortado en cartón acanalado un patrón geométrico de rayos de sol: se han recortado otros triángulos más pequeños que sirven como rayos intermedios.

4. Las puntas de cartón acanalado se han forrado con papel de periódico humedecido y engrudo. Se han pegado con engrudo en su lugar el disco y los rayos pequeños.

75

5. La placa terminada. El trabajo ha recibido una capa de escayola. Luego se aplicaron con brocha tres capas de cola diluida (una parte de cola, una parte de agua), dejando tiempo entre capa y capa para que se secase la anterior. Después, las facciones se pintaron con colores a la caseína y los rayos externos con polvos de bronce (oro brillante) mezclados con barniz transparente. Cuando la pintura estuvo seca, se aplicaron con brocha dos capas más de cola diluida sobre toda la superficie, excepto los rayos dorados. Tras secarse la última capa de cola, se aplicó otra de barniz transparente.

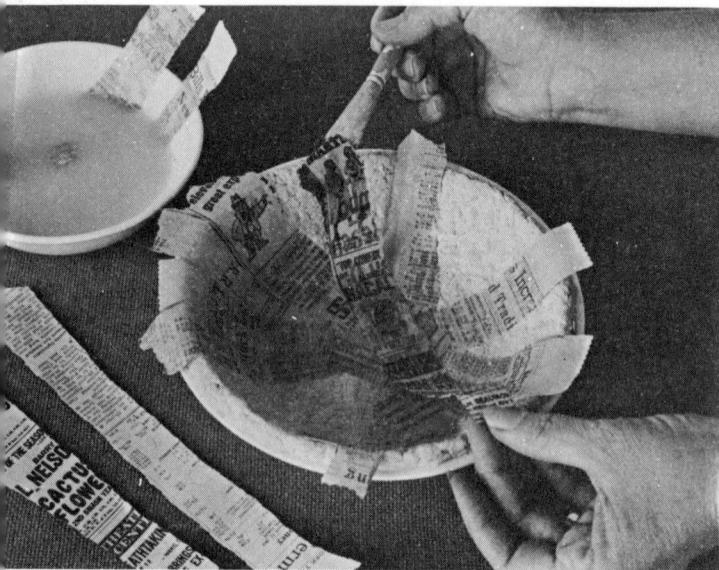

## SERIE DE FOTOGRAFIAS 15
*Otra placa*

1. Un tipo distinto de sol, confeccionado por un método ligeramente diferente. Se ha prensado la pulpa en un plato hondo (untado primero con vaselina). Ahora se pegan sobre la pulpa por el revés unas tiras de papel de periódico para darle fuerza y como apoyo para la construcción que ha de soportar.

2. Los rayos se hacen con cucuruchos de papel y engrudo, que luego se aplastan para que parezcan lenguas de fuego.

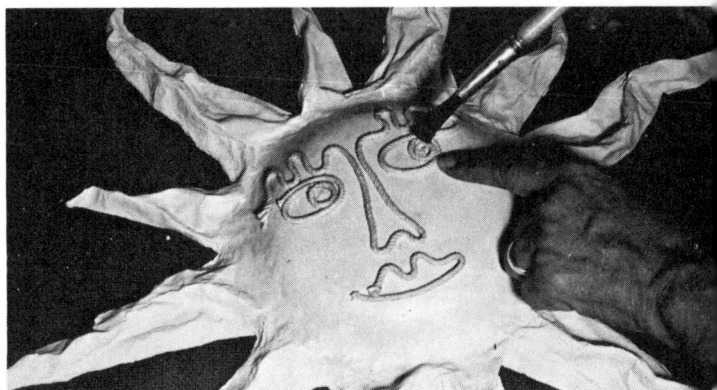

3. Los rayos llameantes, de tamaño y forma, irregulares, se han pegado con engrudo en el borde del disco. Los extremos de las tiras de papel que se pegaron por detrás ayudan a fijarlos. Se esbozan las facciones con un rotulador.

4. Cuando los rayos se remataron y secaron, se dió al trabajo una capa de escayola. Las facciones se delinean con un bramante de grosor medio, encolado y fijado en su lugar. una vez concluido este paso, se pinta la placa con bronce brillante en polvo, mezclado con laca transparente.

5. La placa terminada. Se logró un efecto de antigüedad con un barniz de nogalina diluido con trementina. Para eliminar el exceso de barniz, se aplicó inmediatamente una toalla de papel, dejando los tonos oscuros en los entrantes del diseño.

Las dos placas confeccionadas en este capítulo muestran motivos similares, pero su apariencia es bastante diferente. La primera tiene un acabado muy brillante y cierta simetría formal. La superficie obtenida aplicando cola y luego barniz sobre escayola lisa se parece a la de la porcelana.

La segunda es menos simétrica, con una superficie de textura áspera. El uso de papel de periódico arrugado para los rayos y cuerda para las facciones presta una dimensión nueva al diseño. Estas dos piezas evidencian la gran versatilidad del papel maché y las oportunidades que ofrece a los que están interesados en explorar sus posibilidades.

# 8
# YESO

SI deseamos confeccionar un disco de papel maché, un plato de sopa es un molde satisfactorio. Para formas más complicadas, tenemos que construir nuestro propio molde con yeso-escayola. El yeso es un polvo fino que, al mezclarse con agua y dejarse reposar, se convierte en una masa blanca y sólida. Se puede comprar en paquetes de medio kg o de un kg en los almacenes de materiales de construcción o tiendas de materiales artísticos. Existen tipos muy diferentes de yeso. El mejor para hacer moldes es el de alfarería, del tipo utilizado en los trabajos en cerámica. Si no es fácil obtenerlo, debe comprarse yeso para molduras de la mejor calidad disponible. El yeso no se conserva fresco durante mucho tiempo una vez abierto el paquete; por tanto, debe comprarse en pequeñas cantidades.

Para hacer un molde, tenemos que preparar primero un modelo utilizando arcilla o plastilina. La plastilina, un material para modelar ya preparado, hecho con arcilla y aceite, no se deteriora y puede utilizarse cuantas veces se quiera. Para los artesanos del papel maché es mejor que la arcilla corriente. Se puede comprar en las tiendas de materiales artísticos.

El modelo debe ser una forma simple sin socavar, es decir, la parte más ancha debe estar en la base, y no debe haber muescas en los lados en que el molde está en contacto con él y lo mantiene fijo. He aquí los pasos necesarios para fabricar un modelo y vaciar un molde.

## SERIE DE FOTOGRAFIAS 16
*Un molde de una pieza*

1. Se modelan dos peces con plastilina. Un plato grande sirve como mesa de trabajo. Las herramientas para modelar son el mango de una cuchara y un cuchillo de trinchar.

2. Se han modelado otros dos peces más pequeños. Se pueden usar para hacer un par de pendientes; los grandes se pueden usar para pendientes o alfileres.

El plato ha recibido una capa de petróleo y se ha enjugado con una servilleta de papel antes de que los peces se colocaran en su lugar. Se construye con plastilina un muro de retención de 4 cm de altura para contener el yeso. El muro y los peces se han apretado firmemente contra el plato para que, cuando se vierta, el yeso no se deslice por debajo de la plastilina.

## Mezclado del yeso

Cuando confeccionan moldes, los ceramistas miden cuidadosamente las proporciones de yeso y agua, utilizando 1 1/4 kg de yeso por

79

cada litro de agua. Si no hay una balanza a mano para pesar el yeso, puede hacerse aproximadamente.

El molde para nuestros peces requerirá medio litro de agua. Se pone el agua en un recipiente limpio (lo mejor es un bol de plástico), y se espolvorea el yeso sobre ella lentamente hasta que éste forma un pequeño montículo sobre la superficie del agua. Se deja desleír (es decir, empapar en el agua) durante dos minutos. En este tiempo, el montón de yeso ha tenido que hundirse en el agua. Agitar.

Debe removerse con una cuchara grande. Agitar toda la masa por igual y dar vueltas de abajo arriba para eliminar las burbujas de aire. No batir la mezcla: eso produciría más burbujas. Debe continuarse removiendo durante dos o tres minutos. Cuando la mezcla comience a espesarse es el momento de verterla.

## Vertido del yeso

El yeso debe verterse poco a poco, sin salpicaduras. Se vierte una pequeña cantidad sobre el modelo y se sopla suavemente para que el yeso lo cubra por completo. Esto evitará el peligro de que haya burbujas de aire o espacios vacíos junto al modelo. Luego se continua vertiendo hasta que todo el espacio interior al muro de contención esté lleno.

3. Vertido del yeso.

Cuando se ha vertido el yeso, debe sacudirse la mesa para que salga a la superficie cualquier burbuja que pudiera permanecer en el interior. El yeso debe dejarse en reposo mientras fragua. En poco tiempo, la superficie perderá su brillo; después, comenzará a endurecerse y se calentará. Cuando hayan pasado varios minutos, comenzará a enfriarse. Cuando esté bastante frío al tacto ha terminado la acción de fraguado.

4. El yeso ha fraguado, se ha quitado el muro de contención, y se han sacado los peces de plastilina. El molde es sólido ya, pero todavía está húmedo; debe dejarse secar al menos veinticuatro horas, apoyado sobre trozos de madera para que el aire pueda circular libremente por todas sus caras. Un molde de yeso NO debe secarse en un horno (el calor del horno lo agrietaría).

5. Moldeado. Cuando el molde se ha secado completamente, se aplica en las depresiones una capa de vaselina que después se absorbe con una servilleta de papel. Se prensa dentro del molde la pulpa de papel mojada (sólo pulpa, sin añadirle cola). Dentro de la pulpa, en la boca de cada pez se colocan pequeñas anillas de alambre para que sirvan de colgadores cuando éstos se conviertan en pendientes.

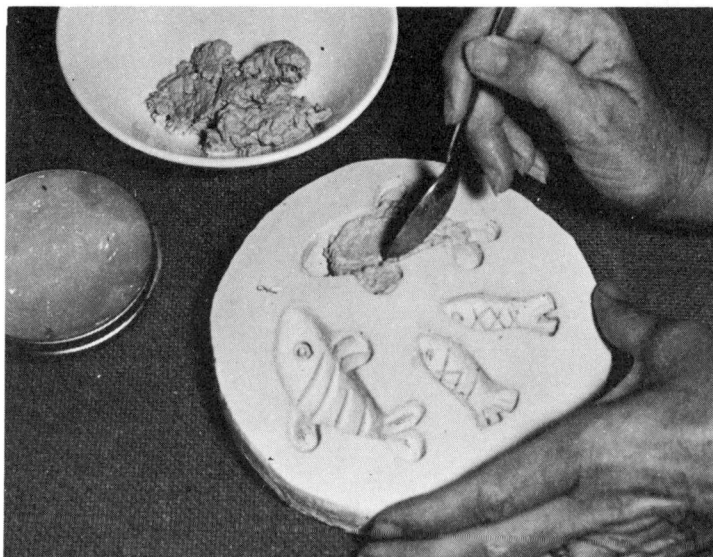

6. La pulpa debe prensarse con firmeza para que llene todo el molde y elimine la mayor cantidad posible de agua. El molde debe inclinarse sobre un bol mientras se aprieta la pulpa con los pulgares, para que pueda escurrir el exceso de agua. Cuando se termine el prensado, se debe secar la pulpa con una toalla de papel.

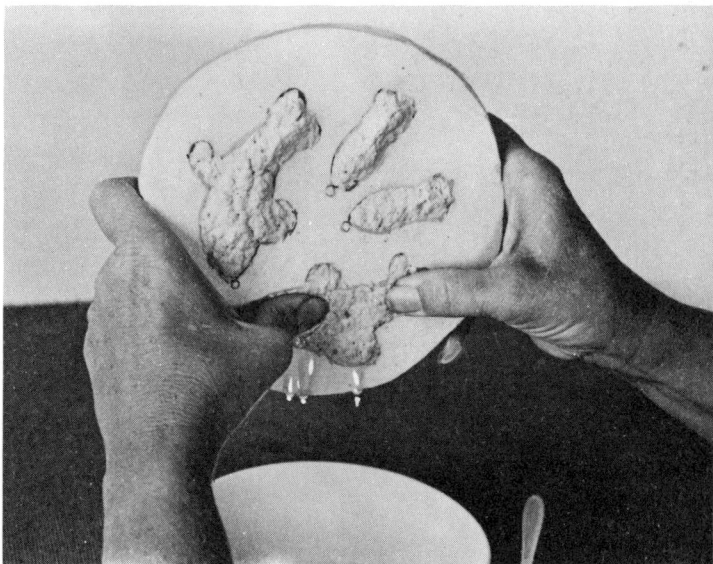

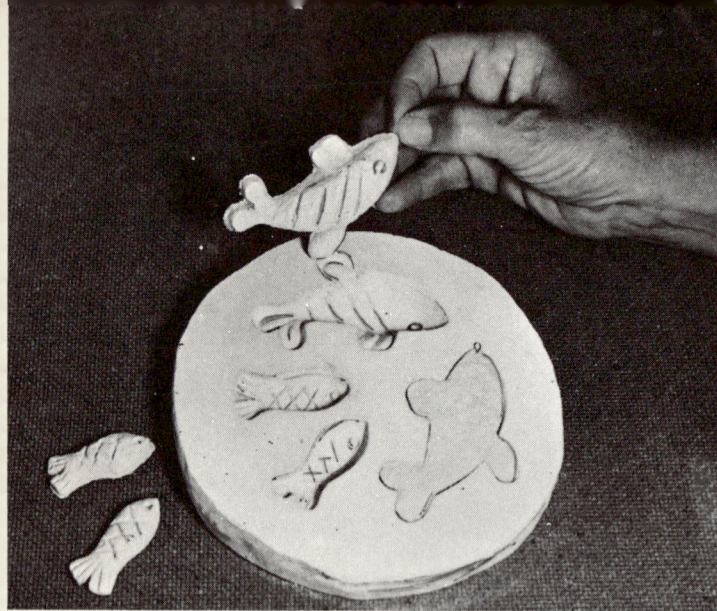

7. Cuando los moldeados están completamente secos, los peces se pueden extraer fácilmente. Los bordes irregulares pueden igualar-papel prensada es demasiado blanda para lijarla.)

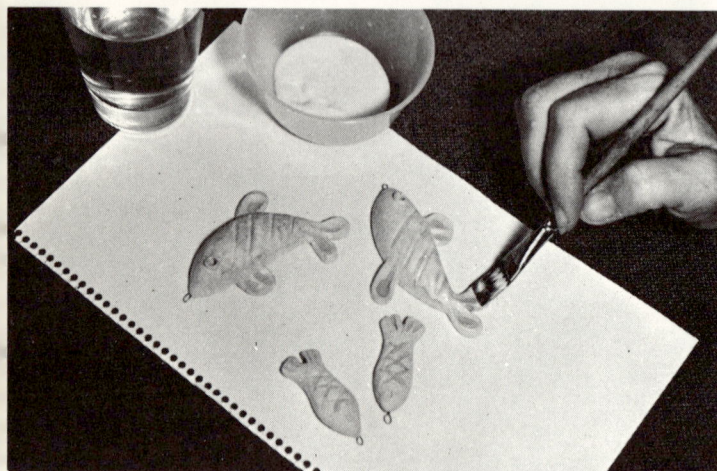

8. Los peces reciben una mano de cola blanca, lo que les da fortaleza y prepara la superficie para la pintura.

## Limpieza

Puede suponer un problema desprenderse del yeso sobrante. Un recipiente en el que se ha mezclado yeso no debe enjuagarse en el fregadero de la cocina, porque puede atascar el sumidero. Si se utiliza un recipiente de plástico, el yeso puede dejarse en él hasta que fragüe; después, al comprimir el recipiente, el yeso se desprenderá. Si se utiliza un recipiente de cristal o porcelana, puede secarse con papel antes de que el yeso se fragüe o, si ya ha fraguado, debe verterse agua caliente en el recipiente. Esto hará que el yeso se desprenda y pueda eliminarse como cualquier desperdicio.

Hemos construido un molde y moldeado algunos pequeños peces. Más tarde veremos cómo se puede utilizar moldes para proyectos de mayor envergadura. Entretanto, en el capítulo 9 convertiremos los peces en pendientes y aprenderemos a hacer otros modelos de joyería en papel maché.

# 9
# JOYERIA

SE pueden confeccionar con muy poco coste joyas originales y llenas de colorido. Existe una completa libertad en la creación de los diseños para este tipo de joyas, ya que no hay miedo de malgastar metales preciosos o gemas.

La lámina en color 10 muestra varios pares de pendientes y algunos broches confeccionados con los peces modelados en el molde fabricado en el capítulo 8. (Los materiales —clips para los pendientes y alfileres—, se pueden comprar en las tiendas especializadas). Los ojos son cuentas y pedacitos de espejo pegados con cola. También se han pegado cuentas a algunos de los clips. Los pendientes con pececitos dorados tienen unas pequeñas prominencias que se han hecho con engrudo de pan y luego se han pintado con laca dorada (polvo de bronce y laca transparente).

## Engrudo de pan

Este material es muy útil en la confección de joyas de papel maché. Es un fuerte adhesivo que se puede utilizar para montar gemas sobre anillos, brazaletes o pendientes. Al secarse se endurece y tiene una superficie muy apropiada para recibir pinturas.

El engrudo de pan se hace con pan blanco reciente, cola, glicerina y agua. Se desmenuza y amasa la parte interna de dos rodajas de pan (sin corteza). Los dedos se sumergen en agua de vez en cuando para humedecer ligeramente el engrudo espeso y pastoso. Se forma una pelota, se clavan los pulgares en el centro para formar una depresión pequeña; en ella se vierten cuatro gotas de cola y una de glicerina. Se amasan la cola y la glicerina con la masa. Cuando la pasta es suave y ya no tiene grumos, está dispuesta para su utilización en la confección de joyas. Una gota muy pequeña de engrudo de trigo es suficiente para pegar una piedra preciosa a un anillo de papel maché. Cuando se fije una de estas piedras, debe ponerse una gota sobre la superficie del anillo y en el fondo de la piedra. La piedra debe presionarse firmemente en la gota de pasta.

El engrudo de trigo es un material pegajoso, incómodo de trabajar, pero si se limpian con frecuencia los dedos y las herramientas se puede utilizar como material para modelar objetos pequeños, cuentas y diminutas formas florales, como veremos más adelante en este capítulo.

En la lámina 10 se muestran varios tipos de pendientes. Se doblan unos patrones cortados en cartón ligero para formar diminutas pirámides triangulares, abiertas por el fondo, que se cubren luego con papel y engrudo. Después, se encola en el vértice de cada pirámide un alambre fino y el trabajo recibe una mano de cola. A la derecha, una de las pirámides se seca, boca abajo, con su alambre pinchado en un pedazo de plastilina.

Cuando se seca la cola, se pegan en cada cara de la pirámide pequeños triángulos de espejo (cortados, con un instrumento de cortar cristales, de un trozo de espejo) y se fija alrededor de éstos un bramante fino.

10. Fabricando pendientes (zarcillos).

11. Enrollando espirales de papel oro laminado para la fabricación de pendientes.

Luego, toda la superficie, excepto los trozos de espejo, recibe otra capa de cola y se pinta con colores al temple y laca dorada. Cuando la pintura está seca, se aplican con pincel varias capas de laca transparente.

Los clips para las orejas se decoran a juego. Se fija a cada clip con engrudo un pequeño triángulo de espejo y se guarnecen con bramante delgado. En la parte superior de cada clip se fija un trozo de papel perforado y después se le da al conjunto una mano de cola y se pinta con los mismos colores utilizados en los colgantes. La ilustración en color 12 muestra los pendientes terminados.

### Laminación

En la ilustración 11 vemos un par de pendientes confeccionados por laminación. Se han cortado unas tiras de papel dorado y de papel blanco de dibujo y se han encolado juntas, de forma que hubiera tres tiras de papel blanco en el centro y las de papel dorado (con el oro hacia fuera) a un lado y a otro. Pegadas con engrudo, se igualaron cuidadosamente los bordes de las tiras y antes de que el engrudo pudiera pegarse, las tiras se enrollaron en espiral alrededor de la parte delgada del mango de un pincel. (Nota: las dos espirales se enrollaron en direcciones opuestas.) Los clips de metal se ven en el centro.

La lámina en color 11 muestra los pendientes terminados. Un trozo de alambre dorado sujeta las espirales a los clips que han sido decorados con un rollo de bramante prensado sobre engrudo de trigo y luego pintados con laca dorada. Como toque final, se encoló en el centro del rollo de bramante una perla.

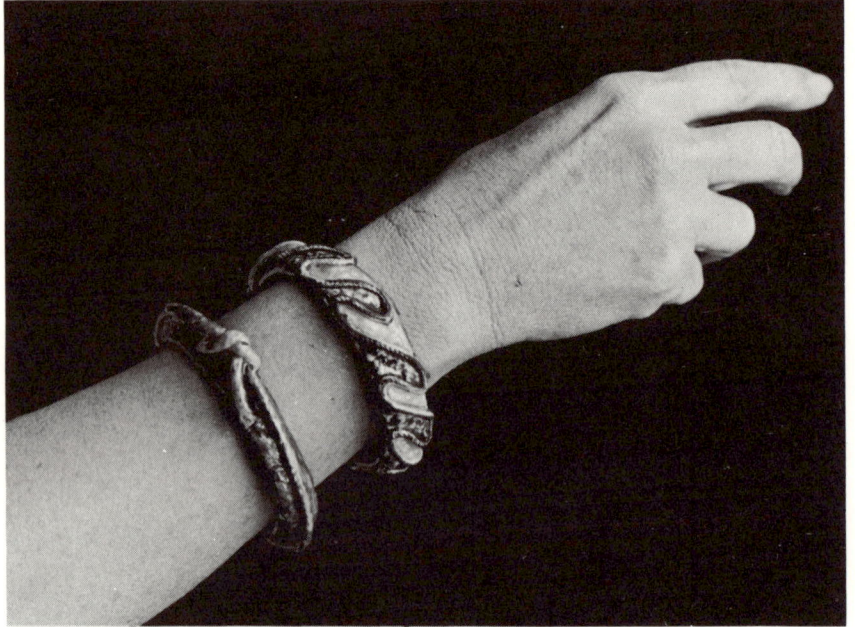

12. Brazaletes decorados con cuerda.

El núcleo de un rollo de papel higiénico se puede utilizar como base para un brazalete. Estos núcleos están formados de espirales de cartón. La ilustración 14 muestra una de estas espirales desenrollada. La ilustración 15 muestra cómo se unen los extremos para construir la forma

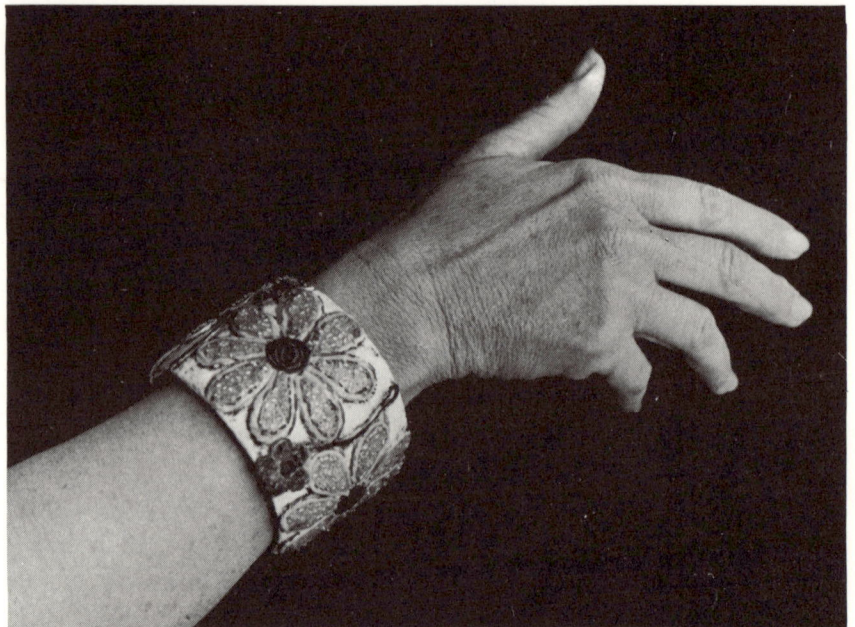

13. Brazalete decorado con cordel y pequeños abalorios de cristal.

# SERIE DE FOTOGRAFIAS 17
*Brazaletes*

1. Una tira de 4 cm de ancho de cartulina de una caja de pañuelos de papel se prueba alrededor de la muñeca para determinar el tamaño. Luego se pega con engrudo.

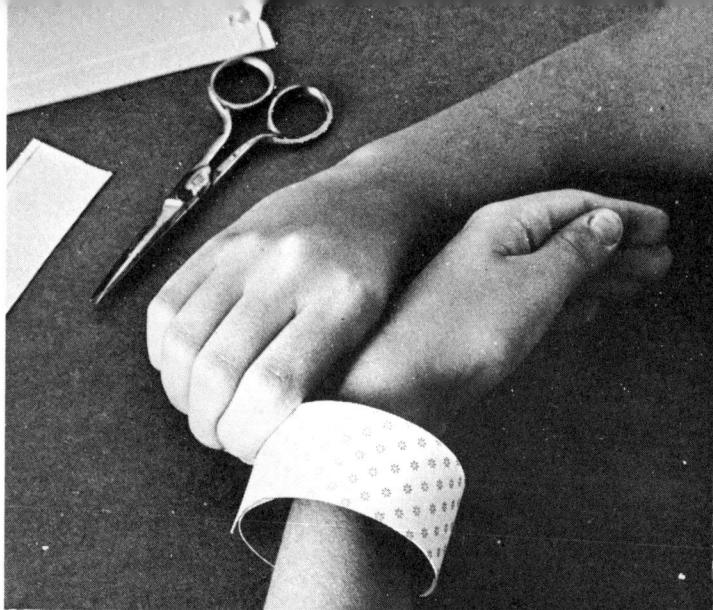

2. Se pegan sobre la cartulina trozos de papel de periódico (tanto dentro como fuera).

3. Se han pegado con engrudo sobre el brazalete varias capas de papel de periódico; ahora se coloca sobre un vaso de cristal para asegurar que conserva su forma circular. El vaso se ha envuelto antes con papel de periódico para evitar que el brazalete se adhiera. Se aprieta el papel con una navaja para que forme una superficie convexa.

4. El brazalete permanece sobre el vaso mientras se le aplica la pasta. (Antes se había dado una mano de engrudo.)

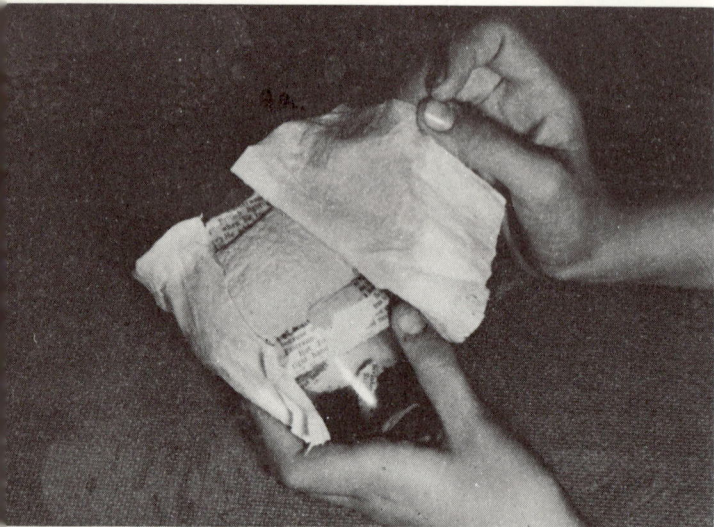

5. Cuando se ha aplicado la pasta, se absorbe el exceso de humedad con una toalla de papel.

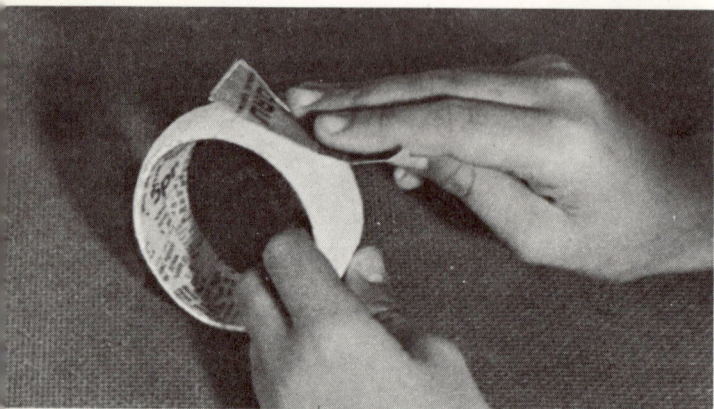

6. Cuando la pasta se ha secado por completo, se lija.

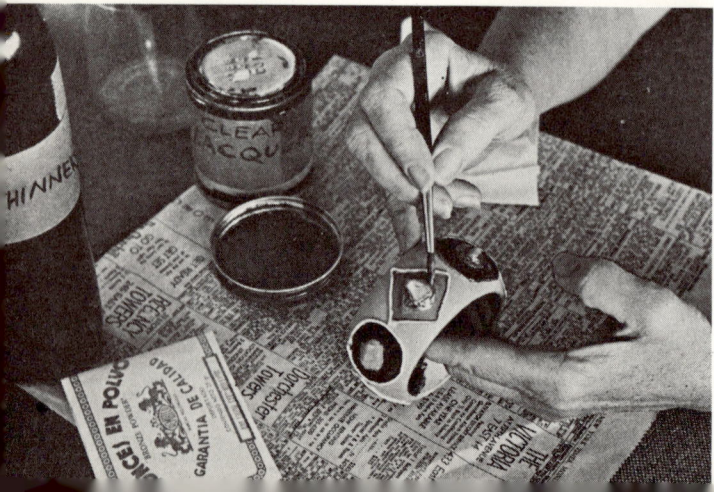

7. Decoración. Los dibujos se habían esbozado ligeramente. Se han fijado cuentas de vivos colores y trocitos de espejo con pequeñas cantidades de engrudo de trigo. Cuando el engrudo se ha endurecido, se ha encolado un bramante sobre los diseños trazados. Para completar la decoración se aplicaron pintura de carteles y laca dorada. Finalmente, se le dieron varias capas de laca transparente en spray.

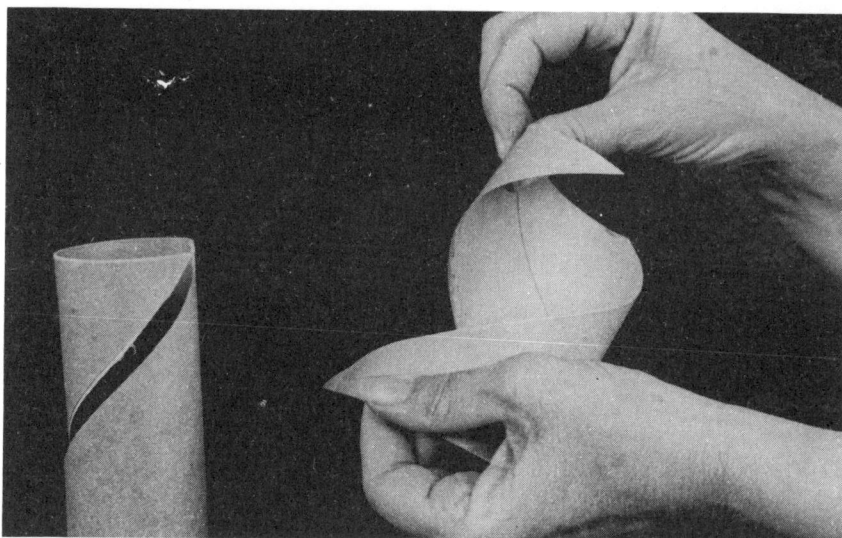

14. Desenrollando una cartulina para fabricar un brazalete.

sobre la que puede confeccionarse un brazalete de papel, engrudo y pasta. La ilustración en color 13 reproduce el brazalete terminado. Los detalles decorativos se hicieron con cuerda y piedras de cristal ensartadas en alambre. (El alambre se ha doblado y recubierto con pasta). El brazalete se remató con laca dorada, después de secada una mano de cola.

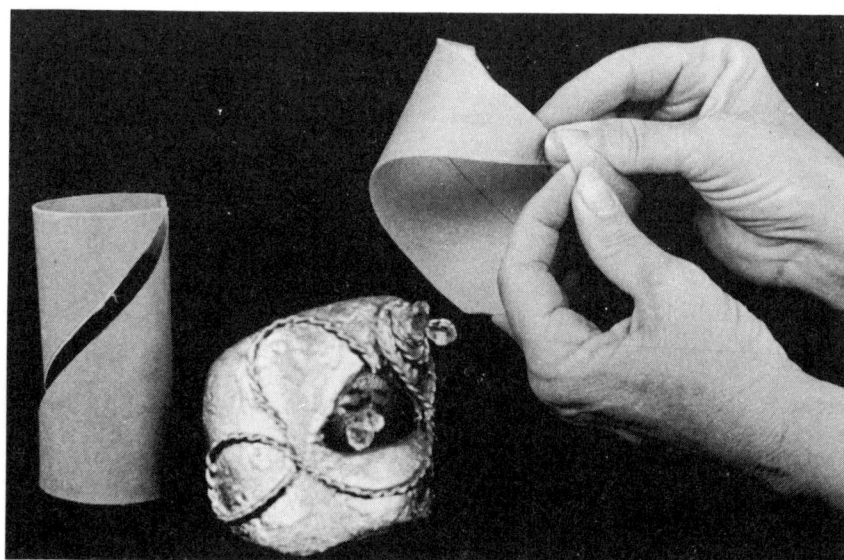

15. Montando el brazalete.

16. Comenzando una sortija.

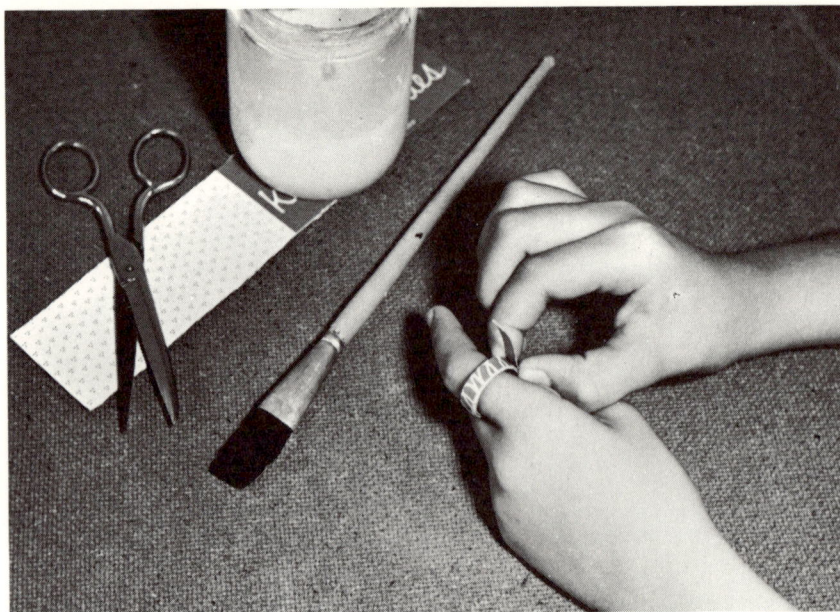

### Anillos

Los anillos son fáciles de hacer. El primer paso es pegar con engrudo una tira de cartulina alrededor del dedo como se ve en la ilustración 16. Otra forma de comenzar (ilustración 17), es retorcer medio pañuelo de papel como una cuerda muy apretada, sumergirlo en cola, enrollarlo alrededor del dedo para fijar el tamaño y sacarlo, dejándolo secar.

Se pueden montar todo tipo de cosas sobre los anillos de papel maché: cuentas de cristal, trozos de espejo, diseños de engrudo de trigo y bramante, cuentas, canicas, formas abstractas modeladas en pasta y flores de engrudo de pan.

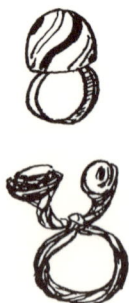

### Flores de engrudo de pan

Pueden confeccionarse diminutos motivos florales con engrudo de pan para joyas en papel maché, como muestra la ilustración 18. Se prepara una bola de pasta, como se describió antes en este capítulo; se forman muchas bolitas, se añade a cada bolita un poco de pintura a la caseína o pigmento en polvo y luego se amasa la pintura. Se añade un poco de engrudo de pan si el color parece demasiado fuerte. Se toma un trozo de pasta coloreada del tamaño de un guisante, se enrolla, se aplasta entre el pulgar y el índice hasta que esté bastante delgada, y luego se le da forma de pétalo. Se retuerce un extremo sobre un alambre delgado o un palillo. Se hace otro pétalo, se coloca en una posición similar junto al primero y se continuan añadiendo pétalos, rizándolos y desplegándo-

90

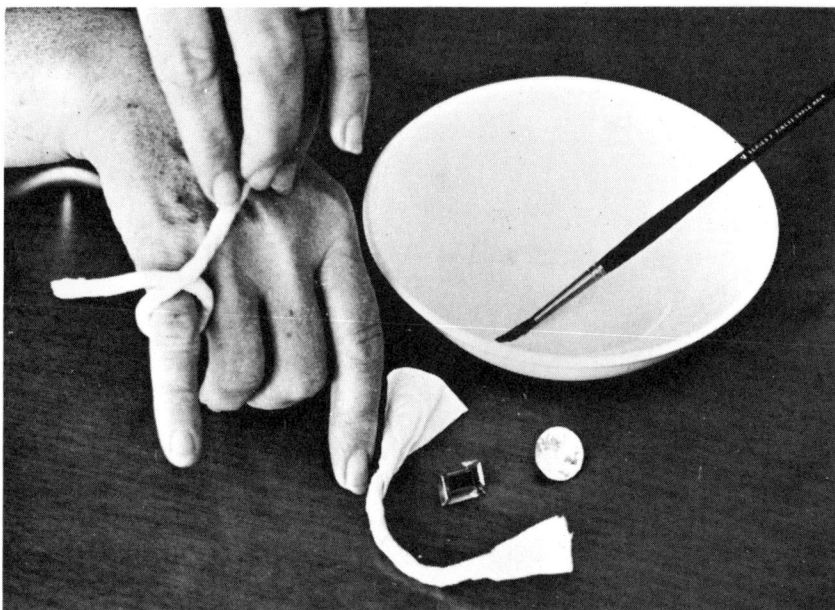

17. Otro sistema de hacer una sortija.

los hacia arriba según convenga. (Es bueno tener a mano algunas flores reales como modelos). Se pueden cortar los pétalos de forma que parezcan asters, crisantemos, margaritas, etc. El alambre se puede cubrir con cinta verde para flores antes de ponerle las hojas. Cuando las flores de engrudo de pan están secas, debe dárseles una mano de laca transparente. Esto da a la superficie una apariencia de porcelana.

18. Haciendo flores con pasta de pan.

19. Placa decorada con flores para la Sra. L. Valera Gómez.

La ilustración 19 muestra un *bouquet* de 16,5 cm de altura. Las flores y las hojas son de engrudo de pan. Las bayas se confeccionaron prensando el engrudo a través de un trozo de malla de nylon. La pelota de engrudo no se despegó de la malla, sino que se eliminó el exceso de ésta, dejando suficiente para que la baya pudiese fijarse a un tallo. La hierba seca del bouquet es real; se ha pintado con laca dorada.

# 10
# DECORACION
# INTERIOR

EL papel maché tiene mucho que ofrecer al proyectista de interiores que desea confeccionar piezas especiales, únicas, para la casa. Composiciones pictóricas, candelabros, consolas, mesas de cocktail y otras creaciones de papel son decorativas y funcionales.

El siguiente diseño muestra cómo un pedazo de espejo desechado, un rectángulo irregular con los bordes estropeados y una esquina rota, puede recuperarse. Planeando un marco ovalado, era posible utilizar el espejo sin que se vieran los bordes o la esquina estropeada.

Se puede dibujar un óvalo (elipse) con dos puntas, un trozo de cordel atado con un nudo y un lápiz, como se ve en el dibujo.

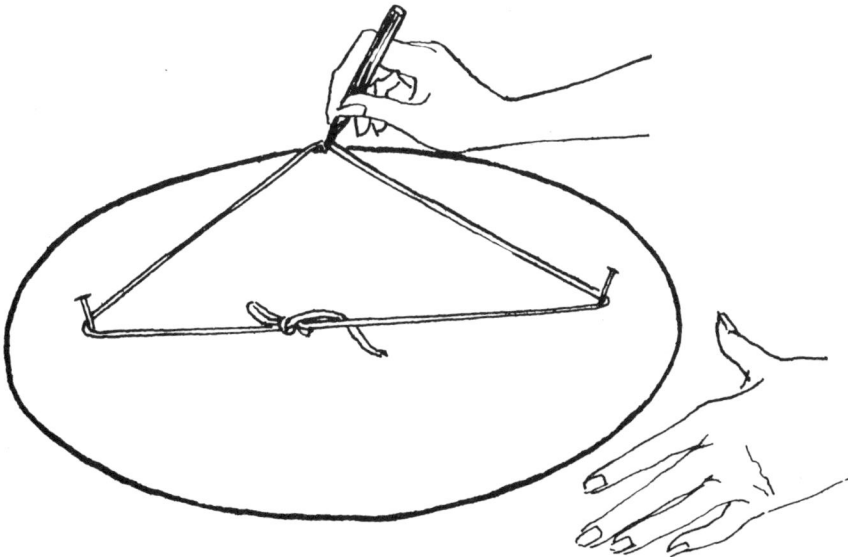

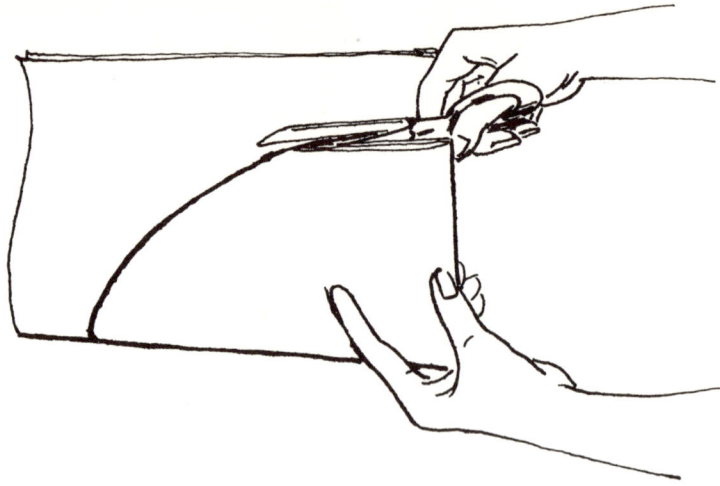

Otra forma de hacer una forma elíptica u óvalo es doblar una hoja de periódico por la mitad, y luego en cuatro. Con unas tijeras se corta el papel según una curva elíptica, después se desdobla el papel y se estudia la forma. Si no es correcta, se dobla una vez más para corregir la curva. Repitiendo este proceso varias veces (utilizando más papel si es necesario), se logrará un patrón ovalado satisfactorio.

## SERIE DE FOTOGRAFIAS 18
*Un marco ovalado para espejo*

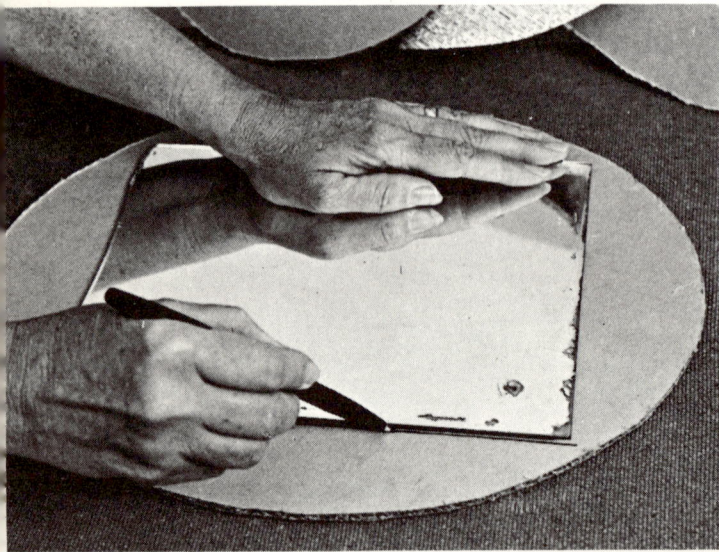

1. Se ha cortado en cartón ondulado una forma elíptica ligeramente mayor que el espejo. Este se coloca sobre la elipse de cartón y se traza su perfil. Se recortará el espacio interior a este perfil. Al fondo se ve otros dos óvalos parecidos al que está en primer plano. Uno de ellos tiene en el centro un hueco en forma elíptica; éste va a ser la cara del marco; el otro no está abierto, será el fondo.

2. El borde de la curva interior de la cara del marco se forra con papel de periódico y engrudo para igualar las irregularidades del cartón. Se ve el espejo en su sitio en el óvalo de cartón en el que se ha cortado un rectángulo para recibirlo.

94

3. Se han juntado las tres piezas de cartón. El trozo con abertura, que es la cara del marco, está encima. Debajo está el trozo de cartón que contiene el espejo, y más abajo el óvalo que forma el fondo del marco. Estos tres cartones ovalados, con el espejo en su sitio, se han encolado entre sí. Apoyando el marco sobre un tarro de cristal, se pega con engrudo sobre el borde un ribete de papel.

4. El conjunto se hace rodar sobre el borde para pulirlo. Dicho borde se ha forrado con una tira de papel de periódico y una segunda capa de papel kraft marrón. Mientras esta tira está todavía húmeda, se hace rodar el marco cobre la mesa para que los bordes sean uniformes y exactos.

5. Un colgador. El espejo en su marco descansa boca abajo mientras se pega con engrudo un trozo de cordel sobre el reverso con trozos de papel kraft. Obsérvese que se ha cubierto el reverso con papel de periódico.

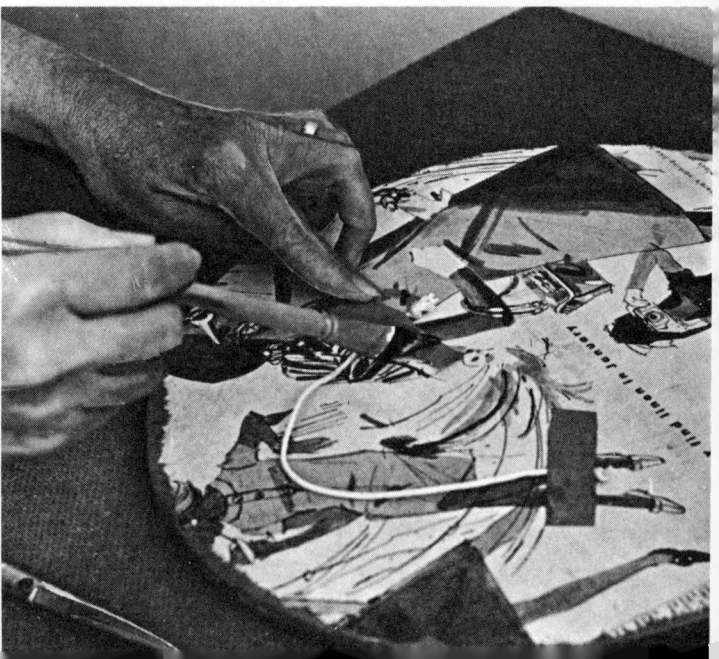

95

6. Decoración con cordel. Un dibujo de pájaros y flores esbozado sobre un óvalo de papel de periódico se está copiando sobre el marco de espejo con cordel y cola.

7. El espejo terminado. Se ha pintado con esmaltes, realzado con laca dorada y lacado con un spray de laca plástica transparente.

El pequeño espejo que acabamos de hacer es sencillo. Parece exactamente lo que es: algo confeccionado con papel, decorado con cordel y pintado. Sin embargo es alegre y divertido, muy apropiado para colgar en una habitación infantil.

Nuestro siguiente proyecto es un tipo distinto de marco de papel maché, más grande, con un diseño barroco que lo hace apropiado para habitaciones más formales. El espejo es de 45 cm de ancho por 60 cm de alto, y le falta en cada esquina un triángulo de 15 cm de base por 23 de altura. Se puede cortar en casa con un aparato para cortar cristales o

1. Cajas.

2. Caja con tapa articulada, cubierta con papel de envolver regalos.

3. Cajas cilíndricas, cubiertas con papel de envolver regalos y corteza pintada.

O Davres.
TOBACCONIST
Nº 9 Pater Noster Rey.
SPITALFIELDS.

TABAK

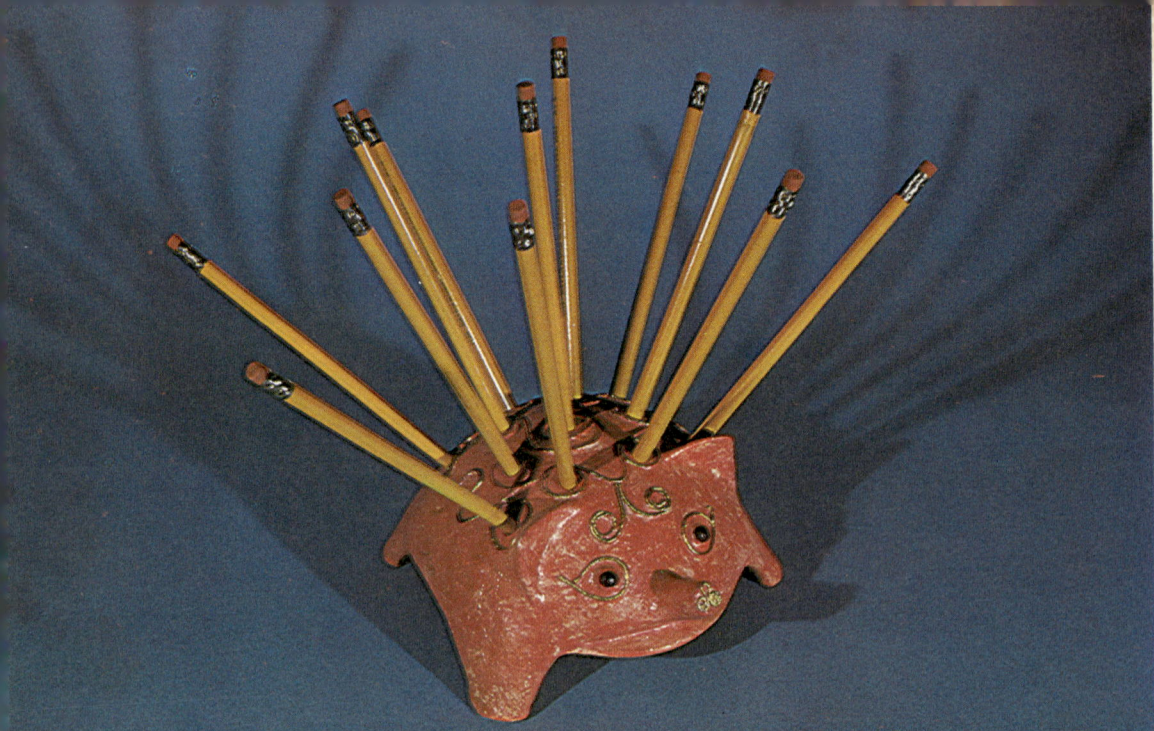

4. Puercoespín.

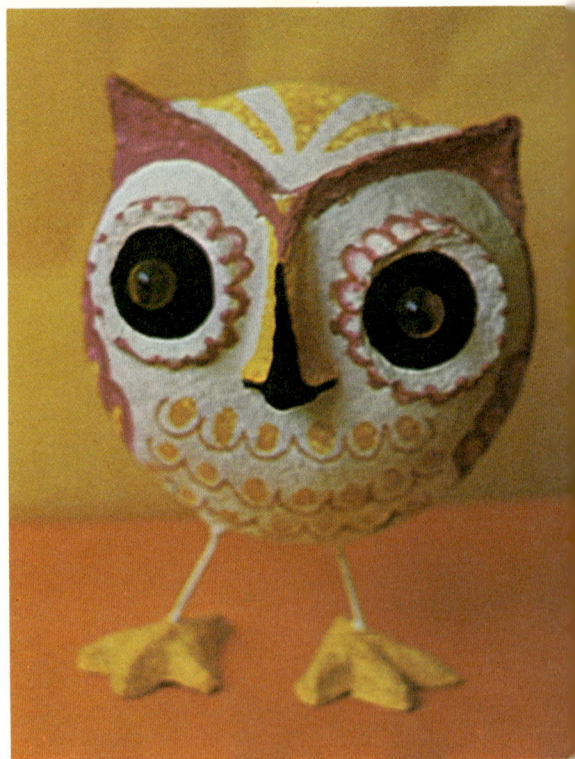

5. Lechuza (colección del Sr. Stanley Cohen y Sra. Washington, D.C.)

6. Otro puercoespín, con diferente combinación de colores (colección de la Sra. de Ramón Prats, Cuernavaca, México).

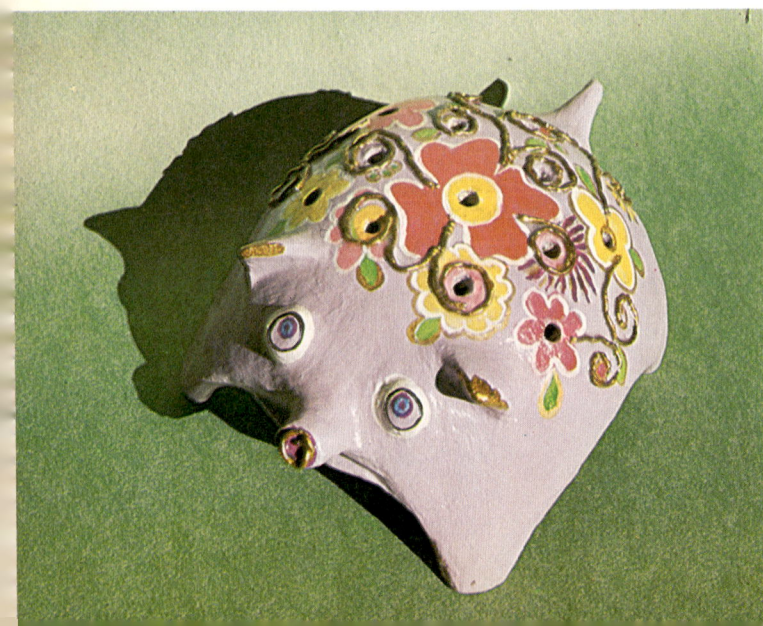

7. Elefante.

8. Pájaros Globo.

9. Placa mural (colección del Sr. y Sra. de Pat Thompson, Moultrie, Ga.).

10. Peces confeccionados con molde, para usar en pendientes o broches.

11 y 12. Joyas de papel maché.

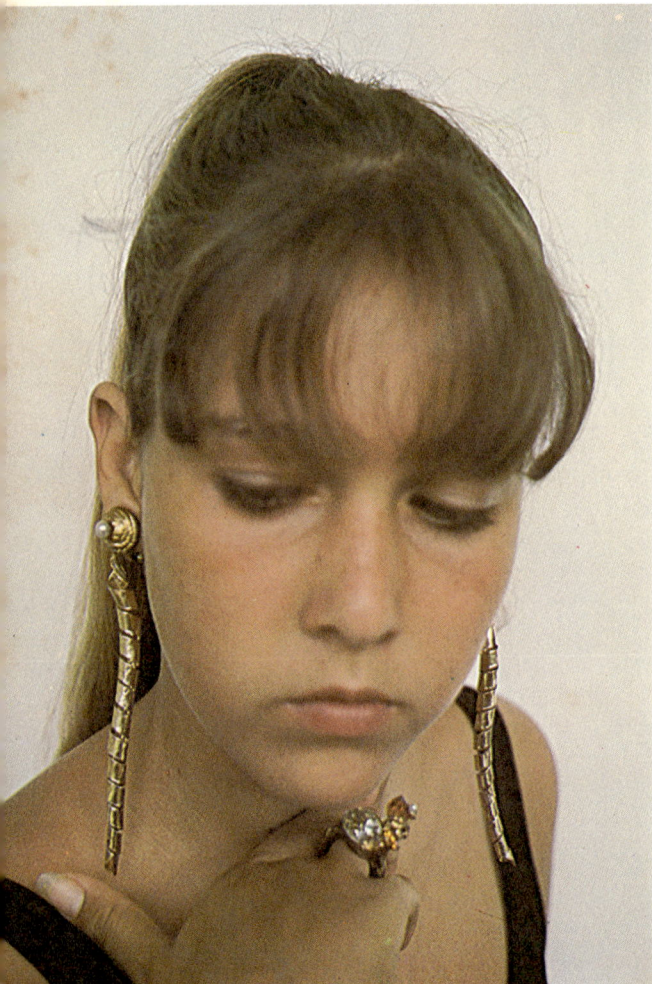

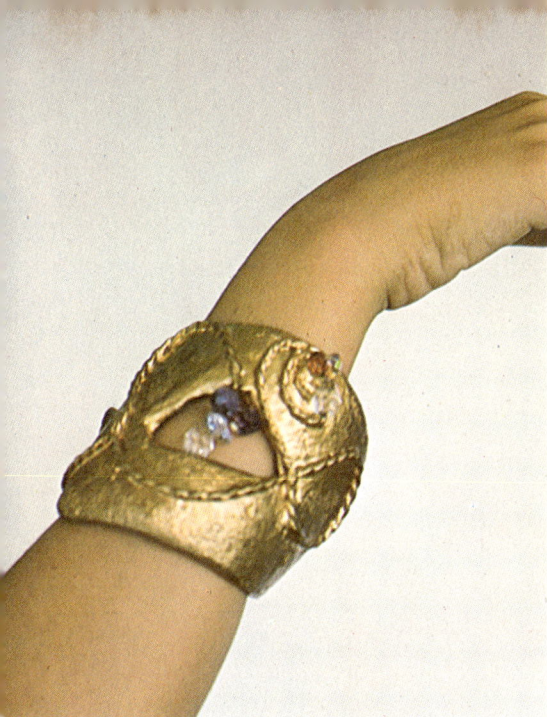

13. Brazalete.

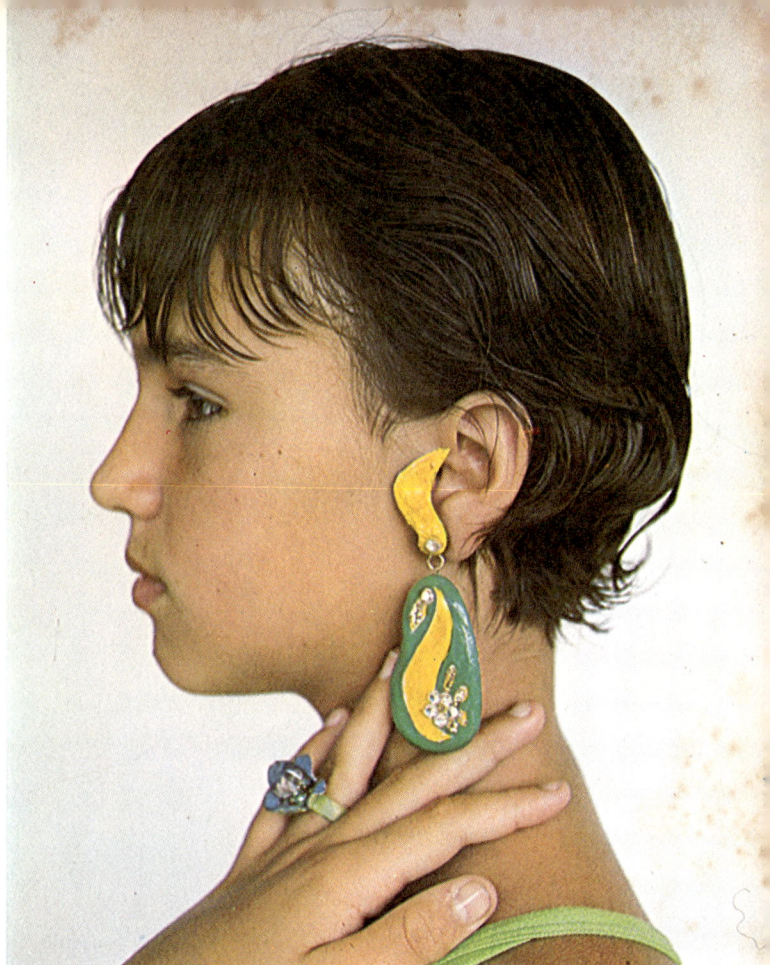

14. Joyas de papel maché.

15. León azul.

16. Flores de engrudo de pan
por Lals V. de Valera.

17. Gatito (colección del Capitán Hampton Hubbard y Sra., Bethesda, Md.).

18. Tony.

19. Pájaro porta pajas.

20. Busto estilizado.

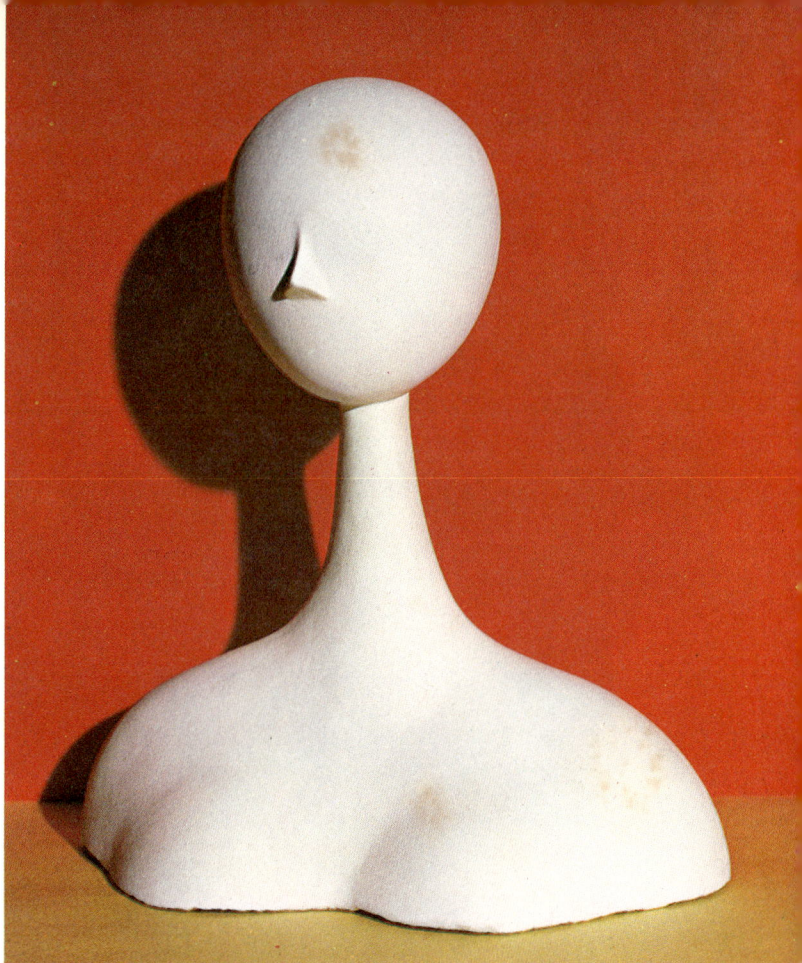

21. Estatuilla, una cantante.

22. León rojo.

23. Espejo barroco.

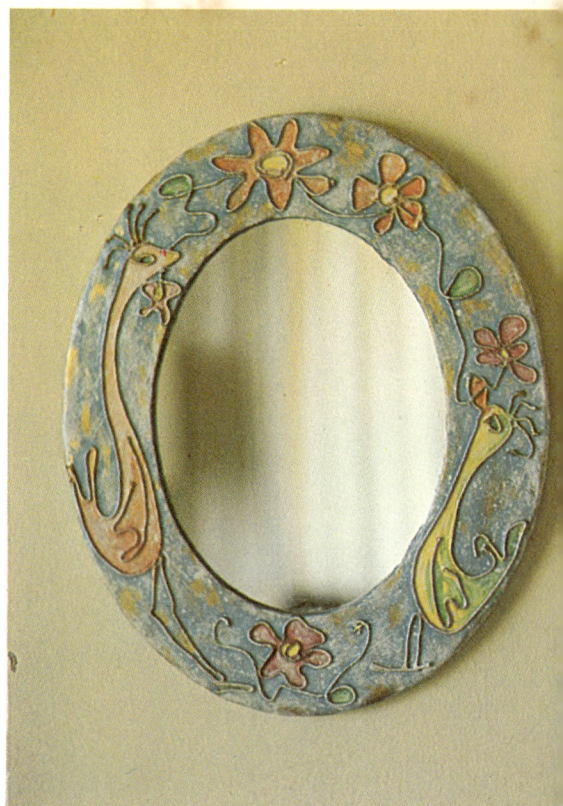

24. Espejo
para una habita-
ción infantil.

26. Placa mural (colección de Lini M. de
Vries, Educational Dir. Instituto para Es-
tudios Mexicanos).

25. Consola adosada a la pared.

27. Muchacha con flores (aquí son flores de papel, pero puede contener también flores naturales).

28. Pájaro de cumpleaños.

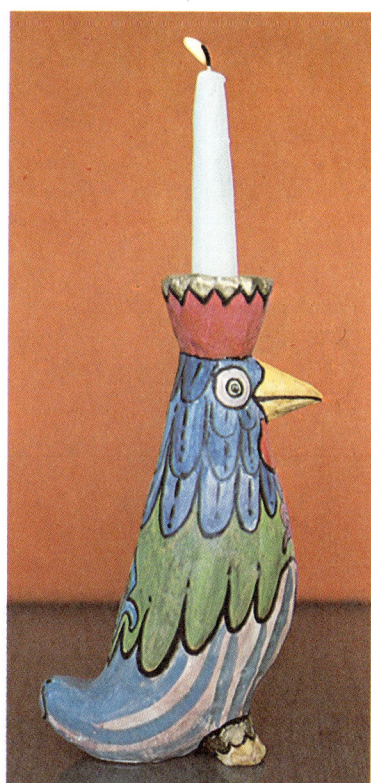

29. Candelabro de tres brazos.

30. Monsieur le Duc.

31. Bandeja y posavasos cubiertos con papel de envolver regalos.

32. Bandeja, diseño con "collage".

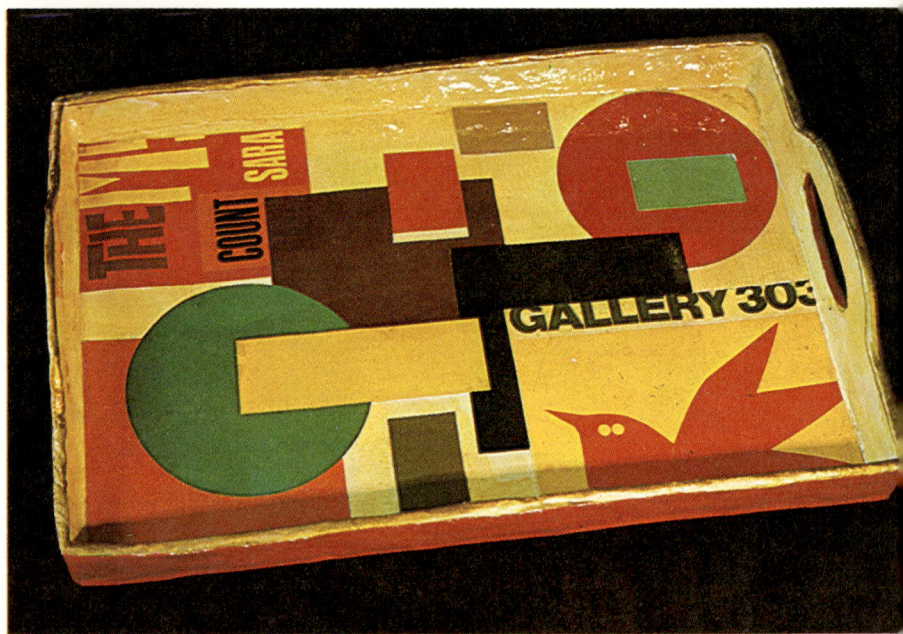

33. Bandeja con pintura india pegada.

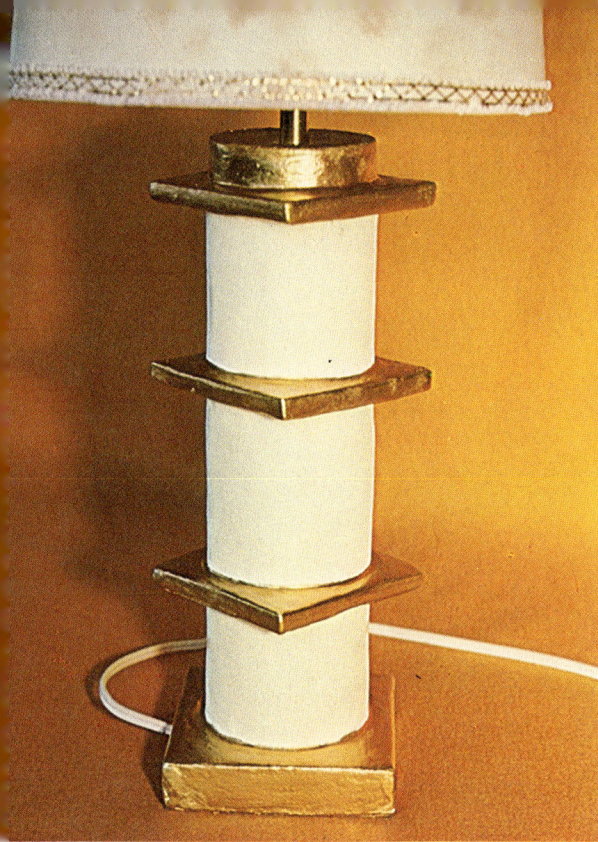

34. Lámpara de papel maché construida con dos botes de hojalata.

35. Lámpara rectangular, papel maché sobre tres botes de hojalata.

36. Lámpara para habitación infantil.

37. La lámpara encendida.

38. Globo translúcido, montaje con helechos.

39. Mesa de cocktail.

40. Globo translúcido, collage de celofán de colores; pedestal cubierto con papel de envolver regalos.

41. Maud, una sirena, de 2 metros
60 cm de largo de la cabeza a la cola.

42. Placa mural (colección de Frances P. Mellen, Editor, Ciudad de México, México).

43. Decorado teatral para *Waltz of the Toreadors.*

44. Miriam (colección de Edee Greene, Woman's Editor, *Fort Lauderdale News,* Florida).

45. Muchacha en el jardín... Con peluca negra y un bikini rosa de papel.

46 y 47. Con una peluca rubia y un bikini de papel de envolver regalos.

48. Par de placas murales, gallo y gallina; 75 cm de alto tiene el gallo; la gallina está decorada con un collage de papel de envolver regalos.

49. Helga, escultura abstracta para jardín; de 140 cm de alto (colección del Col. N. Anthony Amstrong y Sra., Cuernavaca, México).

en la tienda donde se compre. El marco está formado por tres grandes piezas de cartón ondulado: una con una abertura elíptica para el frente, otra con un hueco para sujetar el espejo, y otra sin abertura, para el fondo. Los bordes exteriores de las tres piezas de cartón se cortan de idéntica forma, un óvalo con proyecciones en el centro de cada parte ancha y estrecha para sostener los ornamentos.

El diseño frontal del marco se construye con papel y engrudo, y luego se cubre con pasta. Cuando la pasta se ha secado, se le da una mano de cola y una capa de emplastecedor.

## Emplastecedor

Se trata de un yeso para poner parches, para emplastecer, que se vende en los almacenes de materiales para la construcción con el nombre de emplastecedor. Es un tipo de yeso que fragua más lentamente y que, al mezclarse con agua, forma una pasta espesa que puede modelarse de diversas formas. Si se utiliza más agua, de modo que la mezcla tenga la consistencia de una crema espesa, se puede extender con brocha sobre una construcción en papel que tenga una capa de cola. A las dos o tres horas, cuando se seca el emplastecido, es fácil lijarlo o labrarlo.

## SERIE DE FOTOGRAFIAS 19
*Un marco barroco para espejo*

1. El espejo descansa sobre un gran trozo de cartón mientras se traza su contorno, cuyo espacio interior se recortará para contener al espejo. Se ha cortado en papel de periódico un patrón elíptico para la abertura del marco.

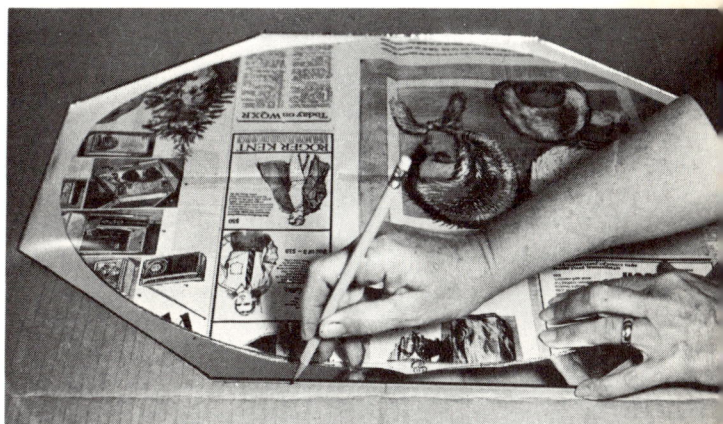

2. El borde exterior de la pieza de cartón con el hueco para el espejo se ha recortado en forma ovalada con proyecciones en la parte ancha y en la estrecha. Esta forma se perfila sobre otra pieza de cartón en la cual se ha recortado una abertura elíptica, del tamaño del patrón de papel de periódico. El borde de la abertura elíptica se ha forrado con papel de periódico y engrudo. Cuando la pieza inferior de cartón se ha recortado según el perfil trazado, forma la base para el frente del marco. Una tercera pieza de cartón recortada con la misma forma (pero sin abertura) será el fondo.

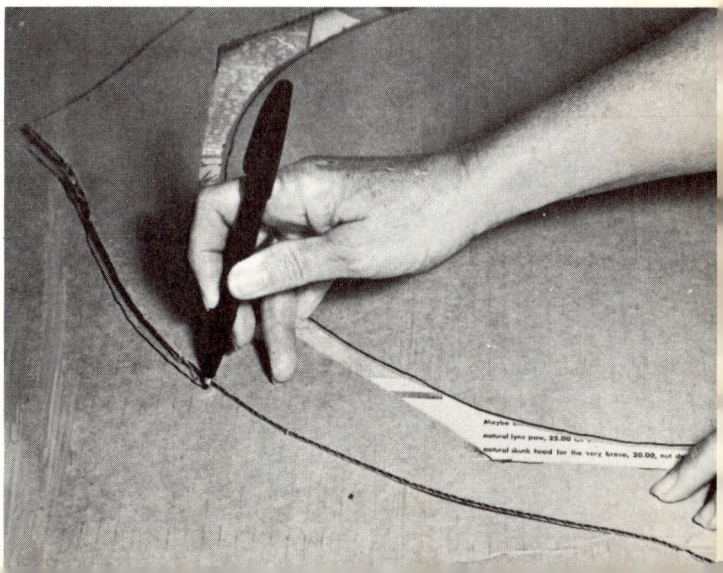

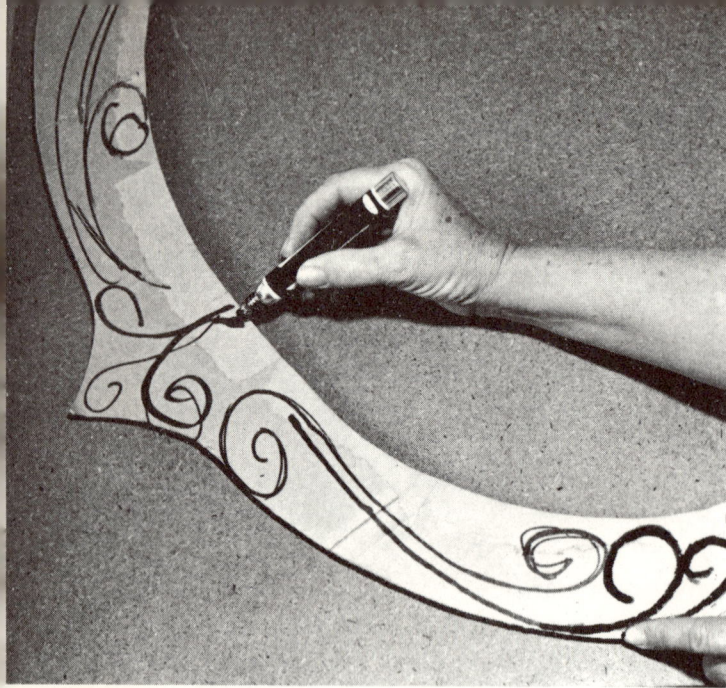

3. Se esboza un diseño rococó sobre el frente del marco. Se ha pegado con engrudo una segunda capa de papel kraft sobre el borde interno.

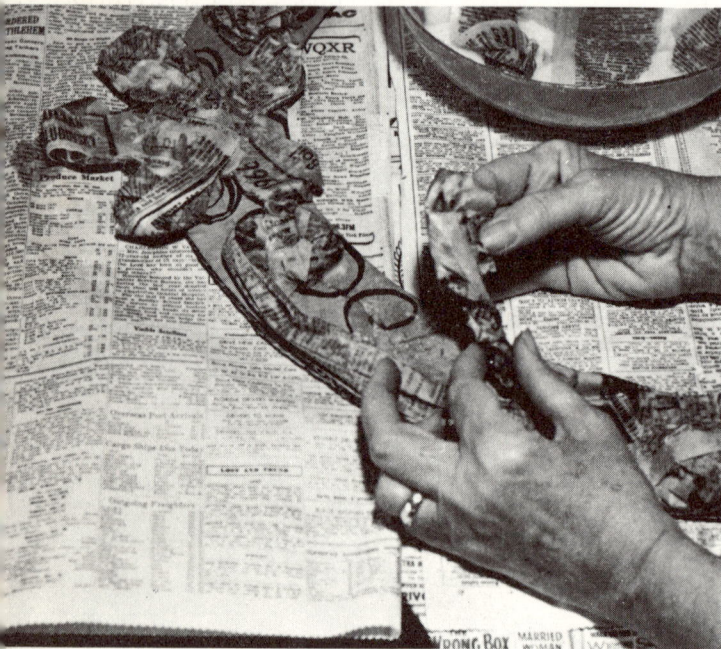

4. El diseño se construye con trozos de papel de periódico empapados en engrudo.

5. Se aplica la pasta encima del papel.

114

6. Se efectúa el modelado con pasta. (Una cuchara es un buen instrumento de modelado).

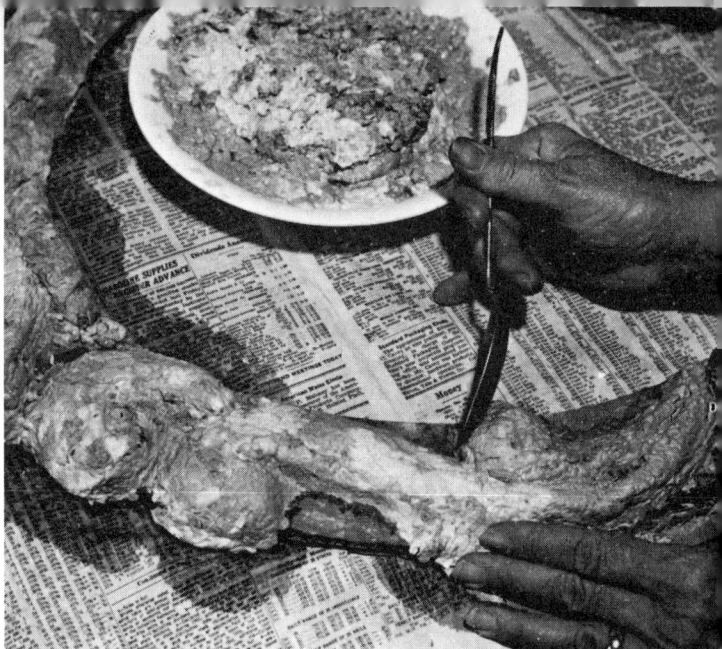

7. Avance del modelado con pasta. En este punto se decidió que el motivo floral que aparece abajo a la derecha no iba bien con el resto del diseño, y se eliminó.

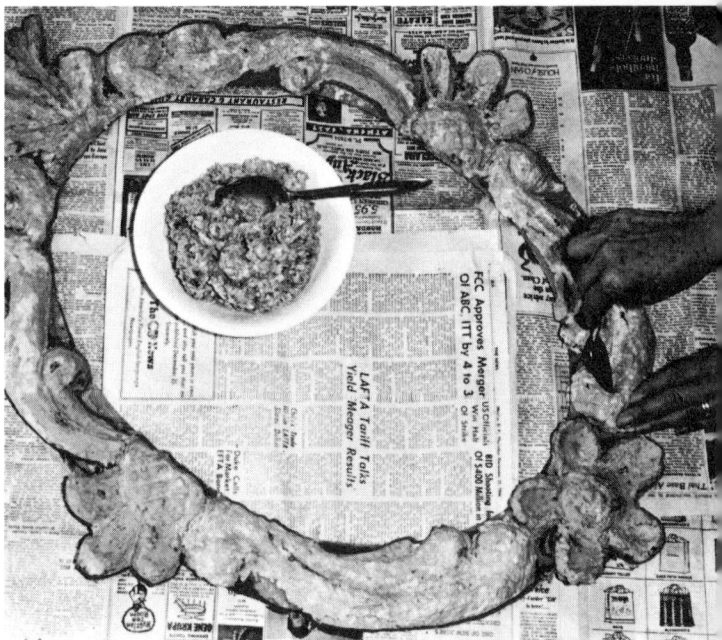

8. Una concha modelada con papel y pasta sustituye a la flor. Se utiliza una plataforma giratoria de plástico.

9. Cuando la pasta se seca, las tres piezas de cartón que forman el marco se encolan entre sí con el espejo en su lugar, protegido por una hoja de papel de periódico. Después de esto, se da una mano de emplaste sobre todo el diseño mezclado con agua. Cuando se seca el emplaste, se retoca con lija y cuchillo afilado.

10. Pintura. Se aplican dos manos de bronce en polvo (oro brillante) mezclado con laca transparente. Cuando la pintura se seca, la hoja de papel de periódico se corta cuidadosamente con una hoja de afeitar.

11. El marco terminado.

116

Una consola adosada a la pared es un accesorio atractivo y útil, fácil de construir.

## SERIE DE FOTOGRAFIAS 20
*Cónsola adosada a la pared*

1. La plataforma de la cónsola aquí proyectada será un semicírculo de 25 cm de diámetro, sostenido por tres soportes rococó. El semicírculo con una lengueta para el soporte vertical se ha cortado de una caja de cartón, de forma que una arista de la caja forme el ángulo entre la plataforma y el soporte vertical. Se ha taladrado un agujero en el centro, en la parte superior del soporte. Se utilizará para colgar la consola. Se ha recortado un segundo semicírculo sin soporte vertical. Para darle un espesor apropiado, se han añadido tres capas de cartón ondulado. Sobre el segundo semicírculo se han pegado con engrudo unos trozos de cartón acanalado.

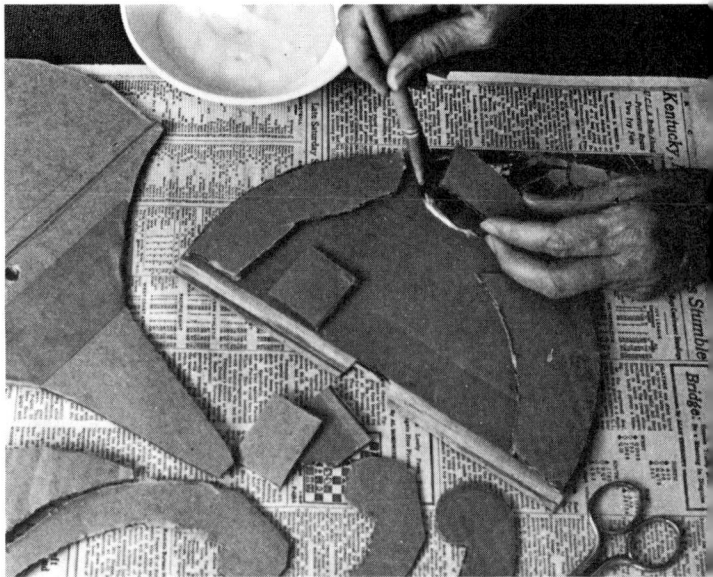

2. Se han pegado uno al otro los dos semicírculos con los trozos de cartón en medio. El borde del semicírculo se está forrando con trozos de papel de periódico mojado y engrudo.

3. Colocación de los soportes. Se han cortado tres piezas curvas de cartón acanalado. Están siendo fijadas en su lugar con tiras de papel de periódico húmedo y engrudo.

4. Se pega con engrudo una cartulina sobre el borde de la concha. Esto proporcionará un borde exterior uniforme sobre el que luego se pegará una cuerda. En los extremos de los soportes se han moldeado porciones de papel de periódico mojado y engrudo para formar unas bolas.

5. Se aplica pasta sobre los soportes y se le da forma.

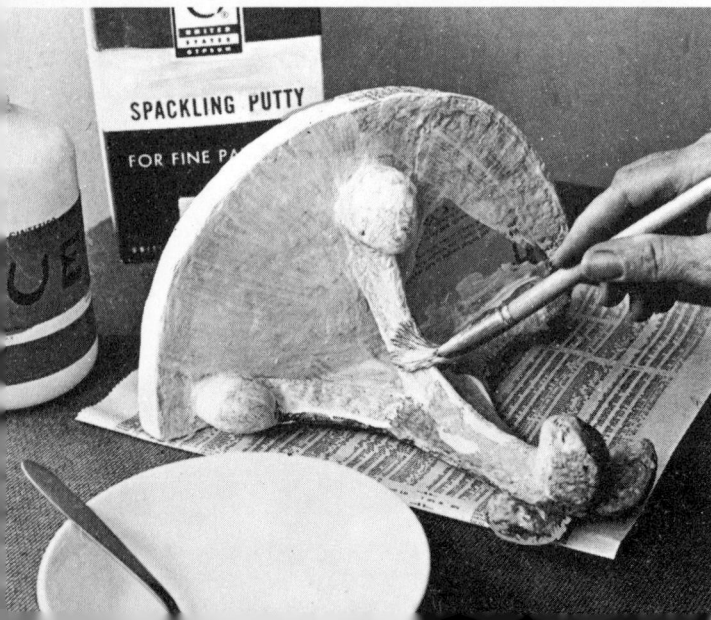

6. Cuando se acaba de modelar y la pasta se ha secado, se aplica sobre toda la superficie de la consola una mano de emplastecedor.

7. En el borde de la mesa se encolan tres pedazos de cuerda gruesa.

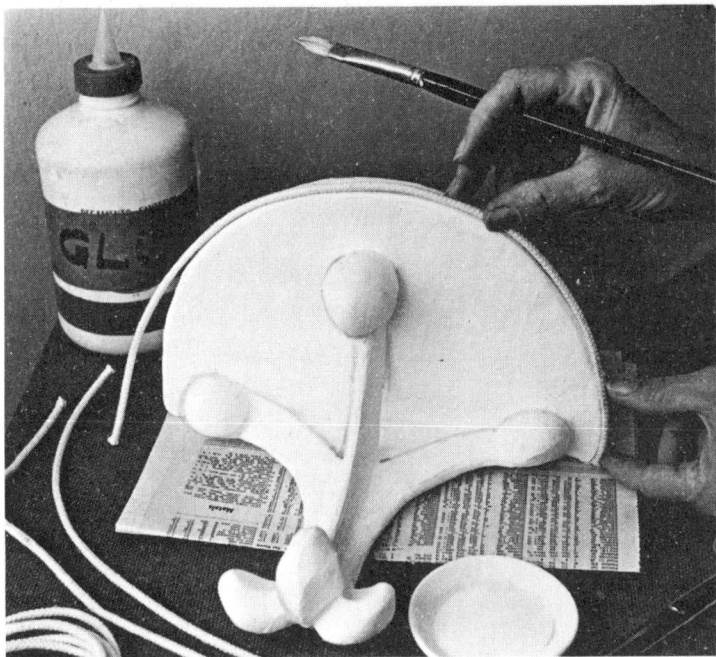

8. La consola terminada. Se le han aplicado dos capas de bronce en polvo (oro brillante) mezcladas con laca transparente.

La serie siguiente muestra la construcción de otro tipo de mesita, construida sobre el brazo de un asiento. El asiento es una butaca confortable, pero los brazos se inclinan con un ángulo tal que los vasos o ceniceros colocados sobre ellos se resbalan. Una mesita de papel maché fabricada a la medida del brazo proporciona una superficie nivelada para mantener una taza de café.

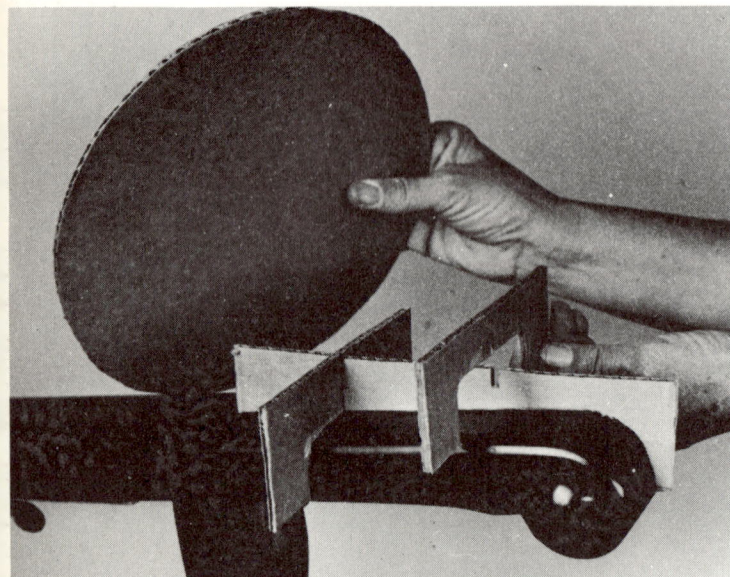

## SERIE DE FOTOGRAFIAS 21
*Mesita para el brazo de un asiento*

1. Se han cortado tres piezas de cartón acanalado que encajen entre sí formando un armazón que se adapte al brazo del asiento. Cuando el armazón está colocado, su parte superior permanece horizontal. Un círculo de cartón acanalado formará una plataforma sobre el armazón.

2. Aplicación de la pasta. El brazo del asiento está protegido por una hoja de plástico transparente, mientras se aplica la pasta sobre el armazón.

Después se aplica al disco de cartón una capa de cola y se cubre por ambos lados con pasta. Se seca en un horno bajo un peso para que no se abarquille y luego se encola a la construcción efectuada sobre el brazo del asiento.

3. La mesita en uso. No está pintada; la pasta, hecha con papel de periódico y correspondencia comercial (sobre con sellos, etc.) se secó formando una atractiva superficie jaspeada con colores. (También se utilizó en la pasta un trozo de papel dorado de envolver.) Varias capas de laca en spray hacen que la mesita sea fácil de limpiar con una esponja húmeda.

120

*Candeleros:* Son realmente divertidos de hacer. Se pueden diseñar de muchas maneras, sencillas o con adornos; confeccionar brazos estilizados para sostener copas o recipientes para velas, o bien formas más elaboradas, con motivos florales o figuritas. Confeccionaremos primero uno sencillo.

## SERIE DE FOTOGRAFIAS 22
*Un candelabro*

1. Formación de las copas. Se da una capa de vaselina a platillos individuales para mantequilla y luego se aplica la pasta por el exterior. Se enrolla en forma cilíndrica una tira de cartulina dándole el tamaño exacto para sostener una vela.

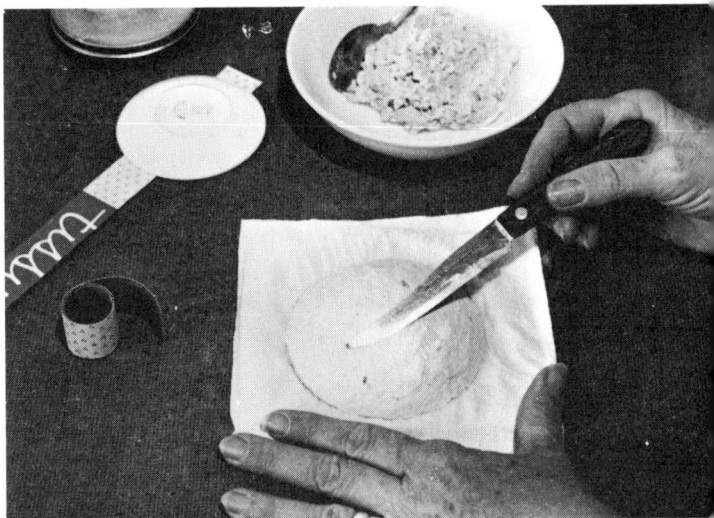

2. El receptáculo se cubre con papel de periódico y engrudo. En el fondo se dejan unos cortes para fijarlo en la copa.

3. Se construye un candelero con tres brazos. Con papel blanco de envolver se han fabricado tres soportes largos, delgados en forma de cono. Se pegan con engrudo sobre un montículo, formado aplicando la pasta sobre el extremo de un globo. Un pedazo de cordel sostiene los soportes en su lugar mientras el engrudo se endurece.

Cuando están firmemente fijados en su lugar los soportes, se sujetan a los extremos las copas y los cubos con pellas de engrudo de pan.

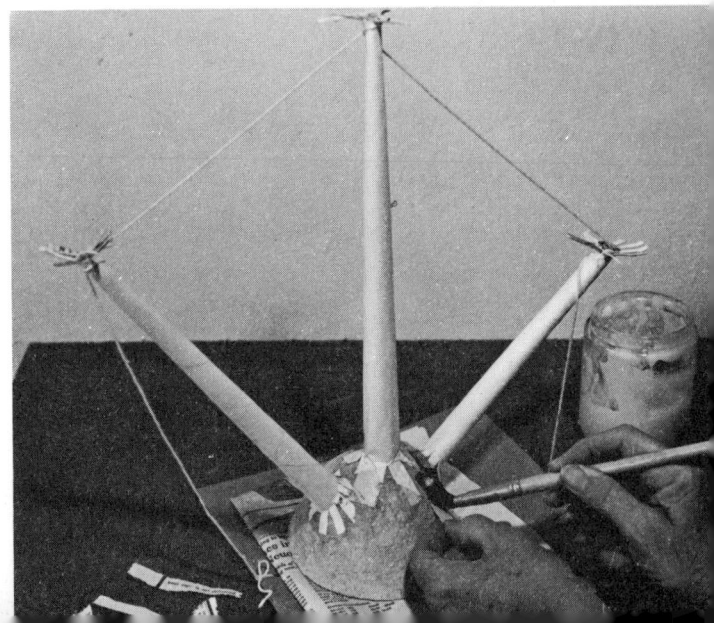

121

4. El candelero terminado. Las flores se recortaron de cartulina. Se les dió una mano de cola por ambos lados y, mientras la cartulina estaba húmeda, se plegaron y rizaron los pétalos. Se utilizó engrudo de pan para adherir las flores a la base del candelabro y los recortes centrales en cada flor. Se hizo pasar un bramante por cola y, después de dejarlo secar ligeramente, se rizó y encoló en su sitio. Para el acabado final, se utilizaron pinturas para carteles y se aplicaron tres capas de laca en spray. Las copas para las velas se pintaron con laca dorada.

## SERIE DE FOTOGRAFIAS 23
*Muchacha-florero-candelabro*

1. El cuerpo de la muchacha florero será un cono; la cabeza, una semiesfera. Dos conos estrechos formarán los brazos. A la izquierda se ve el cono para el cuerpo. Se ha fabricado con varias capas de papel de periódico y engrudo, luego se pegó encima una capa de papel kraft. En la cacerola hay un globo, con la mitad cubierta de papel y engrudo. (Un buen método para sostener un globo

122

mientras se pega sobre el papel es ponerlo en una cacerola). La mitad del globo que está a la vista está cubierta con cinco capas de papel de periódico y papel kraft. Se está enrollando un cono estrecho y pegándolo al mismo tiempo con engrudo para formar uno de los brazos. Abajo, a la izquierda, dos copas para velas confeccionadas aplicando la pasta sobre platos de mantequilla.

2. Se ha pegado la cabeza en el vértice del cono y se han fijado los dos brazos. Las manos se han modelado con pasta y fijado al extremo de los brazos. Para darle más fuerza, se cortaron unos trozos de alambre del que se utiliza para las perchas y se doblaron ligeramente colocándolos dentro de los brazos. La pasta que forma las manos cubre el extremo del alambre, que sobresale ligeramente de los brazos. Las dos copas con los cubos para las velas se ven abajo a la izquierda.

3. Decoración. Todo el trabajo ha recibido una capa base de pintura para paredes, soluble en agua, blanca; después se ha pintado la cara con acuarelas. Se ha trazado un dibujo sobre una tira de papel dorado que se ha pegado con engrudo sobre el frente de la figura. A cada lado se pega una cinta roja. Luego se empapa en laca dorada un galón, que después de seco, se pega con engrudo a ambos lados del panel central, pasando por la nuca de la figura. Se encola en cada muñeca un trocito de cinta roja y, junto a ella, otro trozo de galón dorado como bocamanga.

Las copas han recibido una capa de laca dorada; después, se fijan a las manos con engrudo de pan.

Cuando los cubos de las velas estuvieron en su lugar, se dió a la figurita tres capas de laca en spray. El interior de la cabeza que debe contener flores recibió cuatro capas extra de laca, aplicadas con brocha, no con spray. (Nota: este tratamiento hace que el interior de la cabeza sea hasta cierto punto a prueba de agua. Sin embargo, cuando se coloquen flores en la cabeza, debe ponerse un pequeño bol de plástico para contener el agua y las flores en su interior.

4. El candelabro terminado.

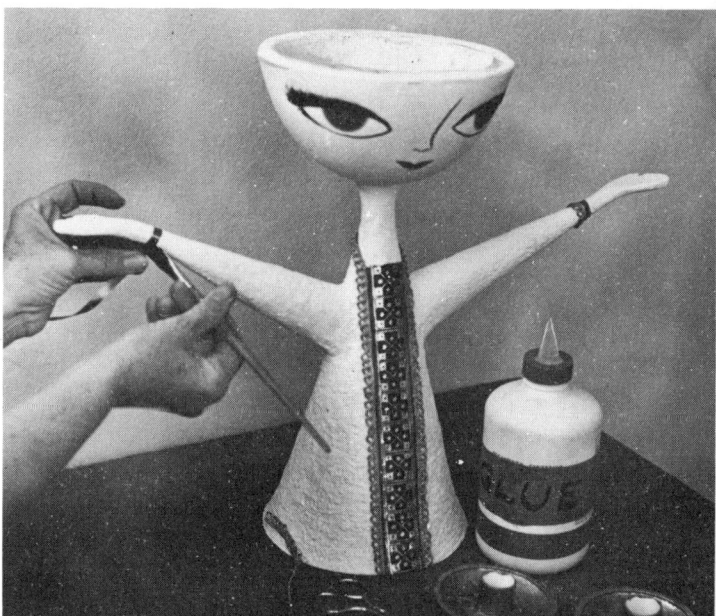

Antes de abandonar los candelabros, confeccionaremos uno más, utilizando un método de escultura en papel mencionado antes: construir una corteza de papel sobre un molde de plastilina.

*Candelabro confeccionado sobre una forma de plastilina*

1. Se ha modelado en plastilina una forma de pájaro simplificada.

2. Se pega con engrudo una capa de papel de periódico mojado sobre el modelo. A esta capa le sucederá otra, en papel kraft marrón. La forma de la copa servirá como cresta y también habrá una hendidura para sostener la vela.

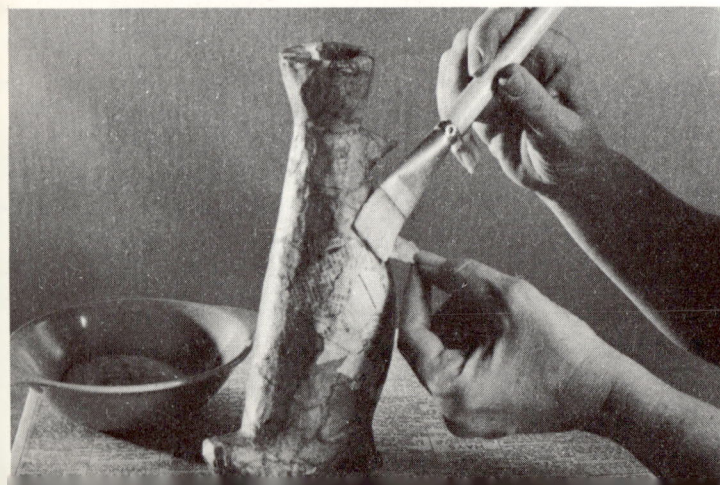

3. Sobre la capa de papel kraft se pega con engrudo otra capa de papel de periódico y luego se aplica sobre ésta una cuarta capa de papel kraft. Aquí se está completando la capa final.

124

4. La corteza se ha secado. Se corta por la mitad con un cuchillo afilado.

5. Las dos mitades de la corteza se separan del modelo. Los trozos de plastilina que quedan en el receptáculo de la vela se eliminan con el mango de una cuchara.

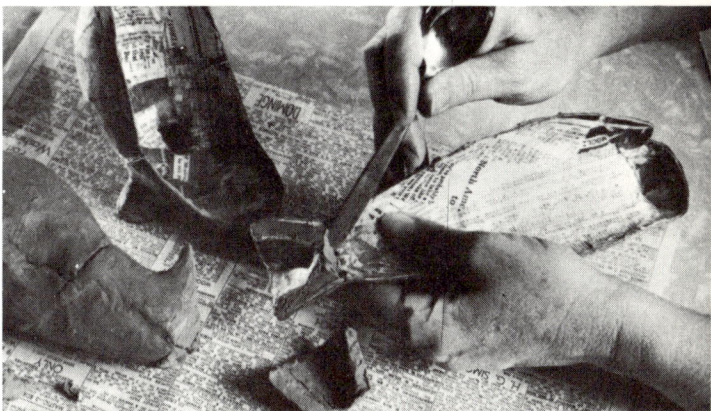

6. Las dos porciones de corteza vacías se unen con gomas elásticas mientras se pegan sobre las junturas tiras de papel de periódico humedecidas. Para darle estabilidad, la base del candelabro se lastra, encolando dentro una piedra antes de unir las dos mitades.

El pájaro terminado puede decorarse con cuerda, cuentas o papel de colores. Esta es una oportunidad para utilizar la imaginación. En la ilustración en color 30 se muestra una forma de decorarlo.

Las bandejas de papel maché son decorativas y muy prácticas: ligeras, pero fuertes y duraderas.

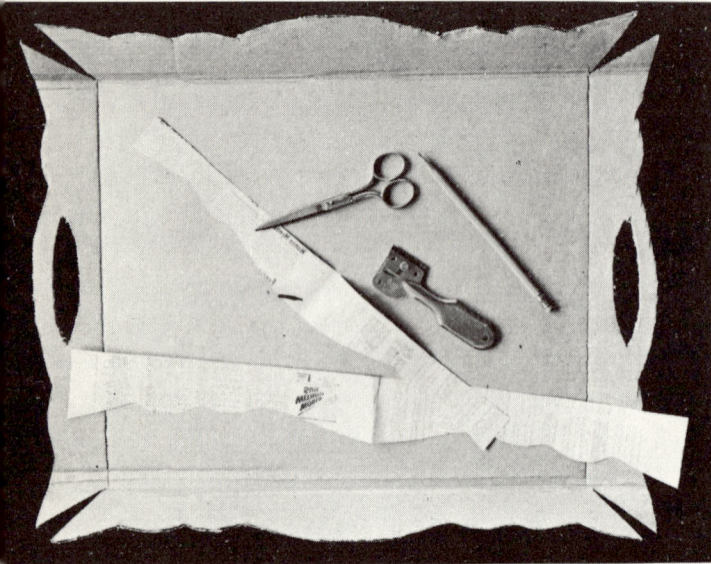

1. Se ha cortado un patrón de una pieza grande de cartón acanalado y se han marcado las líneas por donde doblarse con unas muescas.

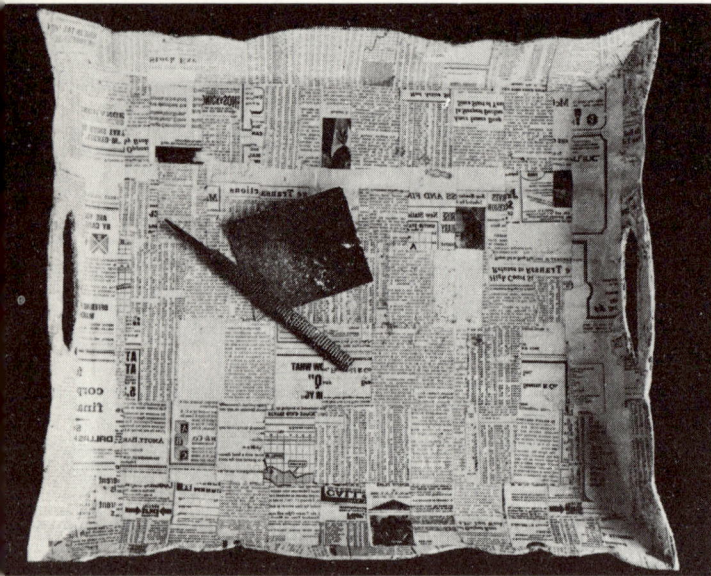

2. Los lados se han doblado uniendo los bordes con cinta adhesiva de celofán; luego, toda la superficie se ha cubierto con varias capas de papel de periódico y engrudo. Cuando se secó el papel de periódico, se dio a la bandeja una capa de escayola y se pegó sobre ella una pintura a la acuarela.

### Montaje

La pintura montada sobre la bandeja era de un papel tan fino que no se le podía aplicar engrudo por detrás. Cualquier humedad hubiera hecho que los colores se corriesen. Antes del montaje, la pintura fue rociada con fijador para darle una capa protectora; luego se aplicó una ge-

126

nerosa capa de engrudo sobre una hoja de papel de periódico, cubriendo un área mayor que la de la pintura. La pintura con la cara hacia arriba, se aplicó sobre la capa de engrudo y se extendió suavemente con una servilleta de papel para que toda la parte trasera entrase en contacto con el engrudo. Se despegó, se colocó sobre la bandeja y se apretó firmemente en su lugar con una toalla de papel.

Todas las partes de la bandeja no cubiertas con la pintura se pintaron con colores al temple. Después, cuando el trabajo estuvo completamente seco, se le dieron cuatro capas de barniz transparente. La bandeja terminada aparece en la ilustración en color 33.

El patrón de la bandeja que acabamos de hacer se cortó de forma que los lados se inclinaran hacia fuera. Se puede confeccionar fácilmente una bandeja con los lados verticales, simplemente cortando el fondo de una caja y dejando, al cortar, una pestaña en los lados largos de 2,5 cm y una altura mayor en los lados pequeños para recortar las asas.

## Collage

El método de decoración utilizado en estas bandejas y en los cilindros del capítulo 3 es muy apropiado para los trabajos en papel maché. El *collage* no consiste sólo en recortar y pegar pinturas; ofrece posibilidades muy grandes de creación cuando los diseños se ejecutan pegando

3. El fondo de una caja está recibiendo una capa de papel de periódico y engrudo. (Obsérvense las asas en los extremos.) Cuando el engrudo esté seco, se aplica al trabajo una capa de escayola y se decora por el método descrito en *montaje.* La pestaña exterior se pinta con un esmalte brillante de colores vivos. El borde se remata con lada dorada, después de lo cual se aplican al trabajo cuatro capas de barniz transparente. La bandeja terminada se muestra en la ilustración en color 32.

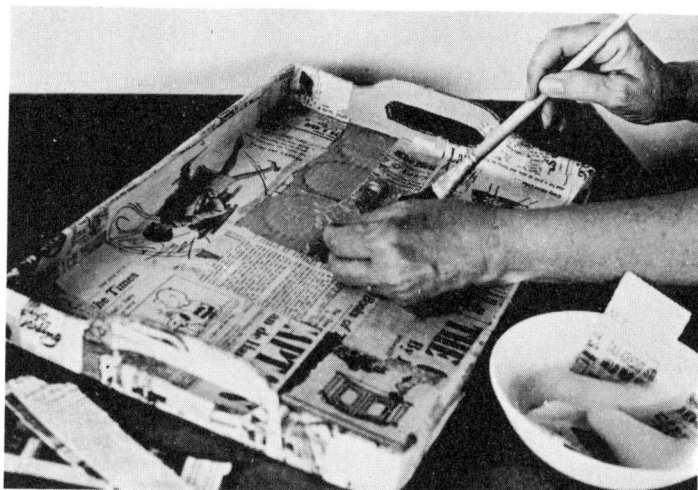

áreas de papel de diferentes formas y colores yuxtapuestos y solapados formando conjuntos agradables. Hay que ensayar mucho esta técnica. Los resultados son a veces inesperadamente buenos. Unos pocos ejercicios reforzarán la afición al diseño.

## Lámparas

El papel maché es un material excelente para hacer lámparas. Una lámpara del tipo convencional en la que una columna sostiene una boquilla para una bombilla y un soporte para pantalla se puede confeccionar mediante una construcción en papel maché con botes de hojalata

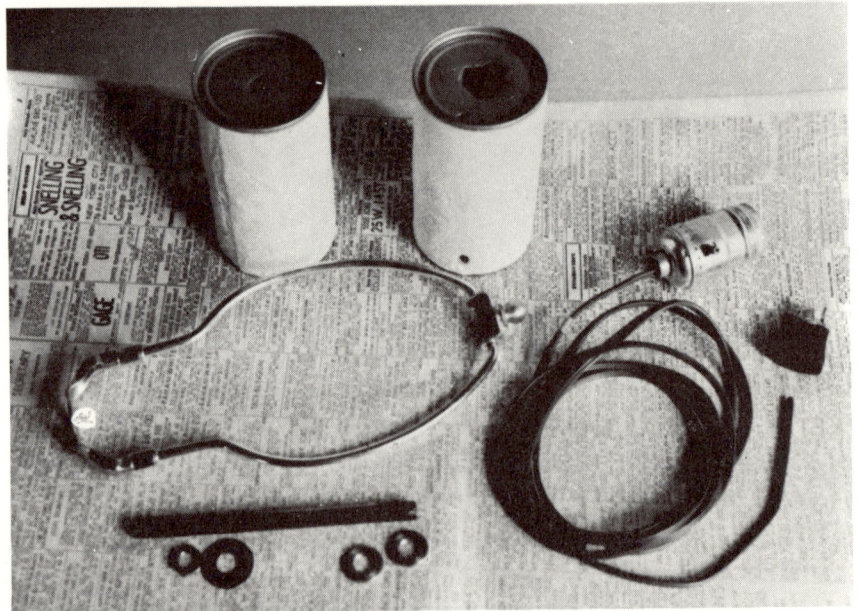

20. Materiales para el montaje de una lámpara.

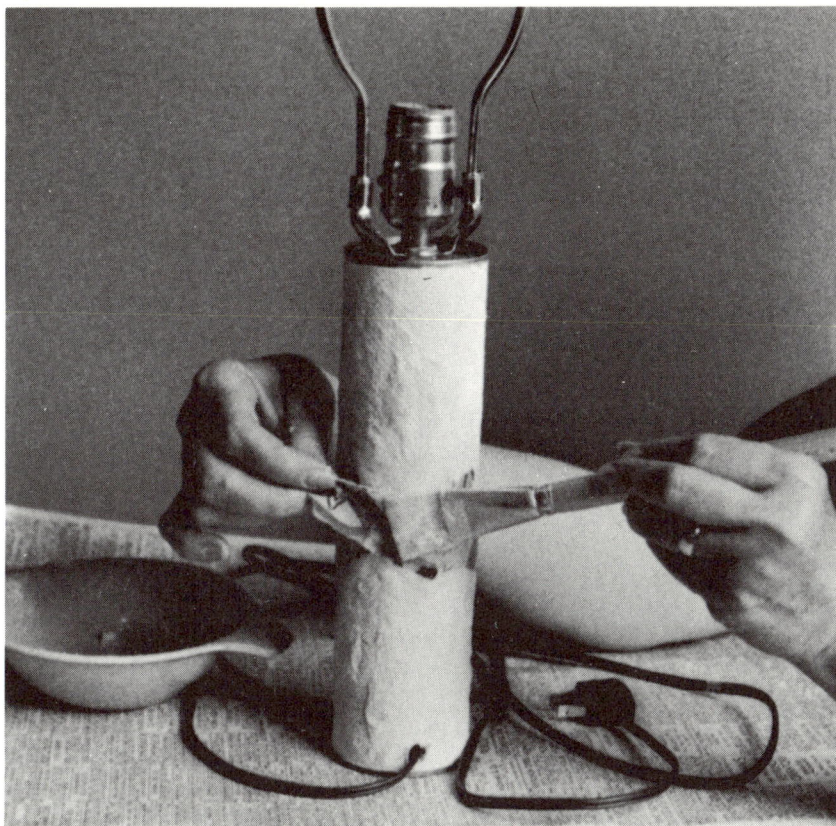

21. La lámpara montada.

vacíos. La ilustración 20 muestra los materiales para hacer una de esas lámparas. Dos botes de hojalata vacíos se han forrado con papel impregnado con cola sobre las superficies laterales. (Así después se puede pegar encima el papel con engrudo. La cola se adhiere al metal mejor que el engrudo). La instalación eléctrica de la lámpara incluye portalámparas con interruptor (que se ha colocado en el cable); un dispositivo de metal para mantener la pantalla; un trozo de tubo de metal con rosca en el exterior (este tubo, hecho especialmente para lámparas, tiene una rosca que ajusta en el portalámparas); tuercas y arandelas y una clavija para el otro extremo del cable. Todo esto puede comprarse en una ferretería por poco dinero.

Uno de los botes se ha agujereado en el centro de la base y de la parte superior. El otro tiene un agujero en la parte de arriba y otro en el lateral, cerca del fondo. El dibujo muestra cómo se montan los materiales. Cuando se terminan de montar, los dos botes se unen con tiras de papel y engrudo con el resultado que se ve en la ilustración 21.

En el acabado y decoración de estas lámparas, se puede seguir cualquiera de los métodos mostrados en el capítulo 3 para la decoración de

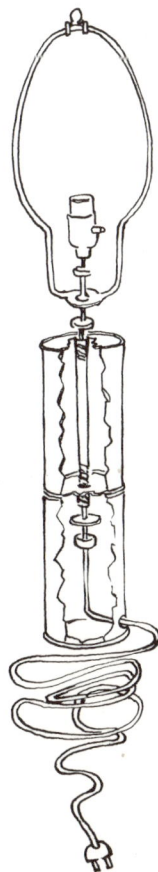

cilindros. Se pueden cubrir con un *collage* de papeles de colores, haciéndole un diseño con cordel encolado o dándole un acabado liso y después pintándolo.

Aunque comenzamos con una forma cilíndrica, la lámpara terminada no tiene porqué ser un cilindro. Se pueden construir formas de pasta de papel para crear modelos rectangulares, formas de jarrones o diseños abstractos como los que reproducen los dibujos.

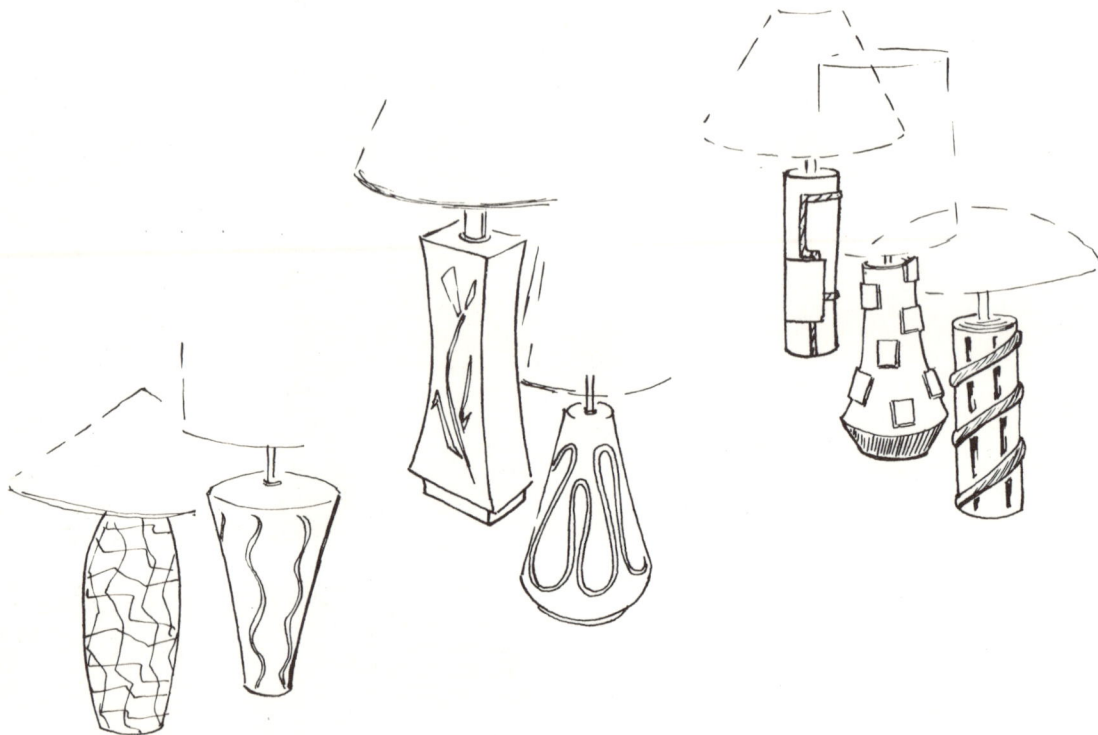

Las lámparas de papel maché pueden adoptar las formas menos convencionales. En lugar de tener una columna que sostenga la bombilla y una pantalla, se puede diseñar una lámpara en la que la luz pase a través de la forma creada. Aquí hay una manera de hacerlo.

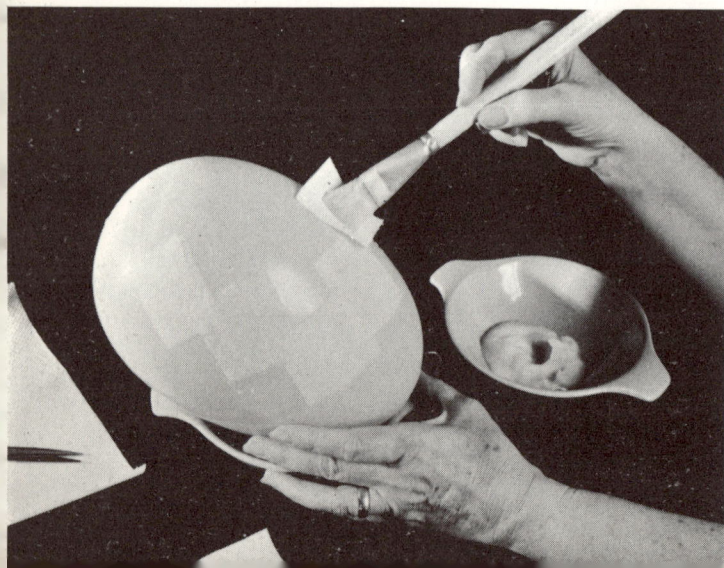

## SERIE DE FOTOGRAFIAS 26
*Lámparas confeccionadas sobre un globo*

1. Se cortan unos rectángulos de unos 5 cm de largo de papel blanco esponjoso y se pegan con engrudo sobre un globo. Hay que tener cuidado de solapar los rectángulos de manera regular. Se pegan sobre el globo tres capas de papel (no debe utilizarse cola en este paso, porque puede hacer que el papel se pegue al globo rápidamente).

2. Cuando se ha secado el balón de papel formado sobre el globo, se abre un agujero en el fondo y se extrae dicho globo.

La lámpara requerirá una base con portalámparas, cable y clavija y una bombilla tubular. Se ha fijado sobre el cable un interruptor.

Se ha cortado un collar de cartón; se pega con cinta adhesiva de celofán para formar la base de lámpara, cuyo fondo se sella con círculos de cartón. Los cuadrados de cartón son cuñas para elevar la boquilla a la altura adecuada, de forma que la bombilla quede completamente dentro del globo.

3. Acabado de la base. Los dos círculos de cartón se encolaron juntos, las cuñas sobre los círculos, la boquilla encima de las cuñas y el conjunto dentro del collar. Sobre la superficie del mismo se pegan con engrudo trozos de papel de periódico. Cuando el papel está seco, la base se pinta con pintura al temple negra y se le da una capa de laca.

4. La lámpara terminada. El globo descansa sobre la base sin estár fijado a ella. La luz pasa a través de los rectángulos solapados produciendo interesantes efectos.

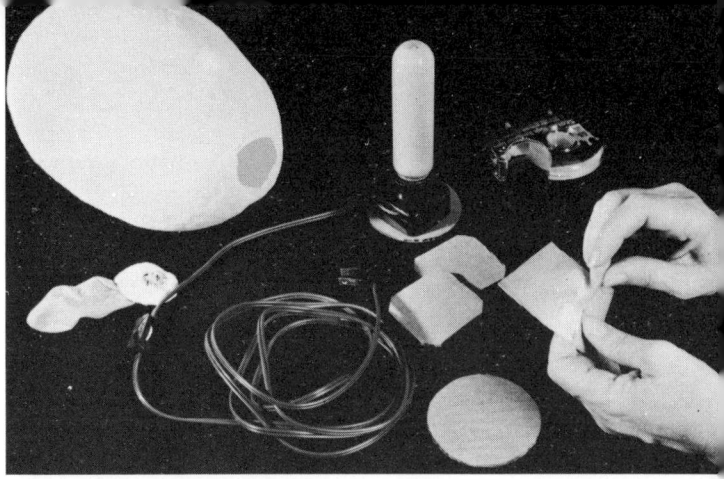

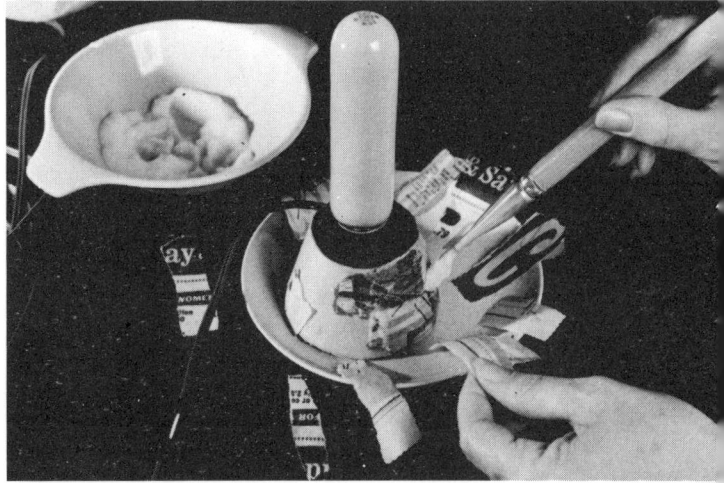

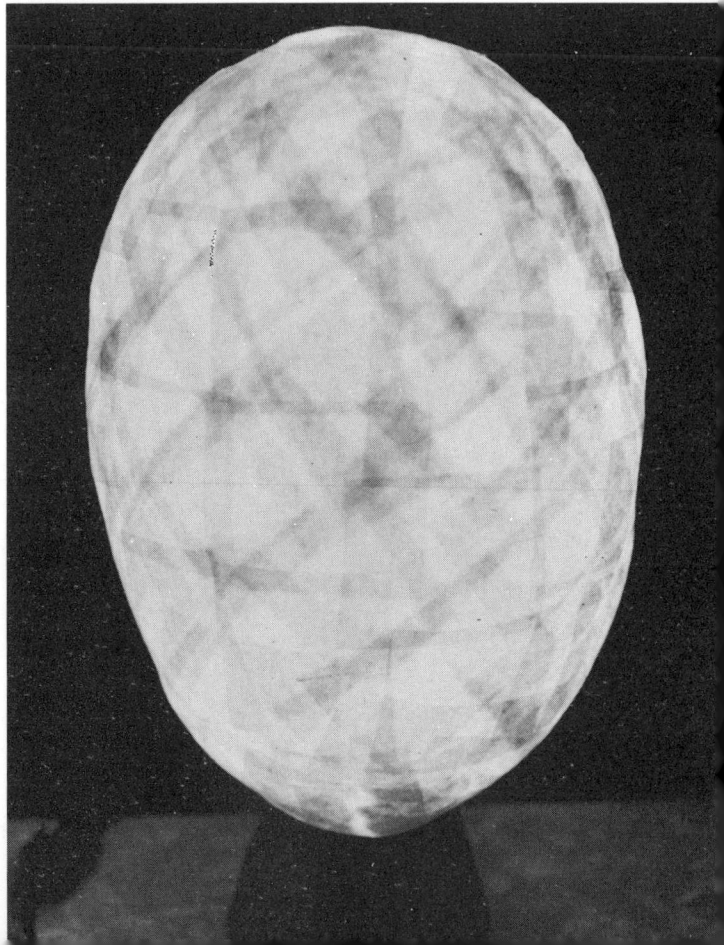

131

22. Lámpara de globo.

23. Lámpara de globo.

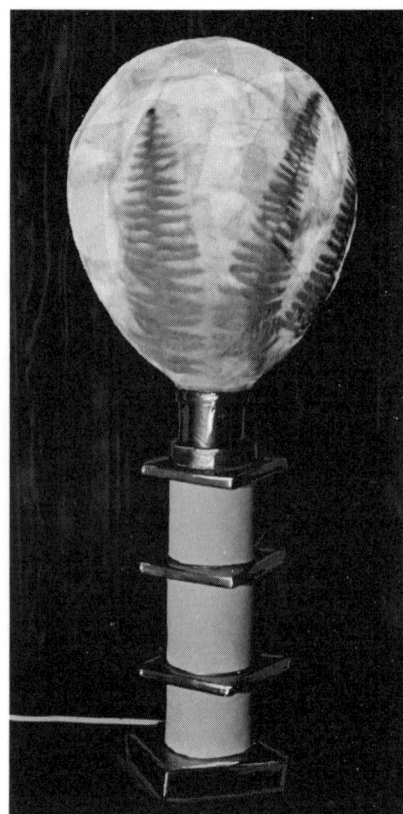

Se logra una gran variedad de efectos pegando con engrudo diferentes diseños de papel de colores entre las capas de papel esponjoso. Estos diseños sólo se pueden observar cuando la lámpara está iluminada. También pueden pegarse entre las capas de papel otras cosas: bramantes finos, trozo de helecho, etc. Son muchas las cosas interesantes que se pueden intentar. En las ilustraciones 22 y 23 se muestran algunos experimentos.

También pueden confeccionarse, por ejemplo, lámparas adosadas a la pared con la bombilla detrás de una pantalla de papel maché, que proporcionan una luz indirecta. La pantalla puede ser una forma abstracta o una máscara escultórica de papel. En el dibujo se reproducen un par de estas máscaras. Se puede diseñar una lámpara para habitación infantil en forma de casa de muñecas con una luz dentro, o de un animal simpático cuyos ojos brillan en la oscuridad. Las posibilidades en el diseño de lámparas de papel maché son casi ilimitadas.

132

Una mesa de cocktail de papel maché, ligera, alegre, práctica, es un atractivo auxiliar para el mobiliario de un interior moderno.

Una mesa de cocktail de diseño sencillo consta de una parte superior circular, una base circular, una columna vertical tubular en dos partes y un pedestal en forma de cono. La parte superior y la base se confeccionan cada una con dos círculos de cartón ondulado, pegados entre sí con una capa intermedia de cartón ondulado entre ambas; tanto la superior como la inferior tienen, pues, tres capas. Los bordes se rematan con papel y cola. La columna vertical consta de dos cilindros de cartón, uno de diámetro mayor que el otro. El más pequeño se fija a la parte superior y el otro a la inferior. El pedestal en forma de cono se fabrica con varias hojas de papel de periódico. Para darle más estabilidad, la porción inferior del cilindro ligada a la base se lastra con piedras.

La parte superior de la mesa va cubierta con una capa de pasta. Cuando la mesa está montada, el pedestal en forma de cono está sujeto a la parte superior por debajo; el cilindro que está fijado a la parte superior se inserta en el ligado a la parte inferior. Unas tiras de papel y engrudo fijan el cono a la base. A continuación se aplica la pasta a la base y al pedestal, con lo que se termina la construcción de la mesa.

## SERIE DE FOTOGRAFIAS 27
*Una mesa de coctail*

1. Se han cortado dos círculos de 30 cm. de diámetro de unas piezas de cartón. (El cartón de este ancho puede ser difícil de encontrar. Utilizar la parte que forma los lados y el fondo de una caja grande o pegar con engrudo dos trozos de cartón mediante tiras de papel.)

Un cilindro de cartón (el núcleo de un rollo de toallas de papel) se fija en el centro de un círculo de cartón. Se ha cortado un agujero en el centro del otro círculo, de forma que, cuando la parte superior está montada, esta pieza descanse sobre la columna. Las piezas de cartón se encolan debajo de la parte superior para formar la capa entre los dos círculos.

2. Forrado del borde con papel de periódico y engrudo. Se aplican al borde dos forros completos, el segundo de papel kraft. Los dos tarros llenos de agua hacen de pesos. Durante la construcción de la parte superior de la mesa se debe mantener ésta bajo estos pesos para evitar el abarquillamiento.

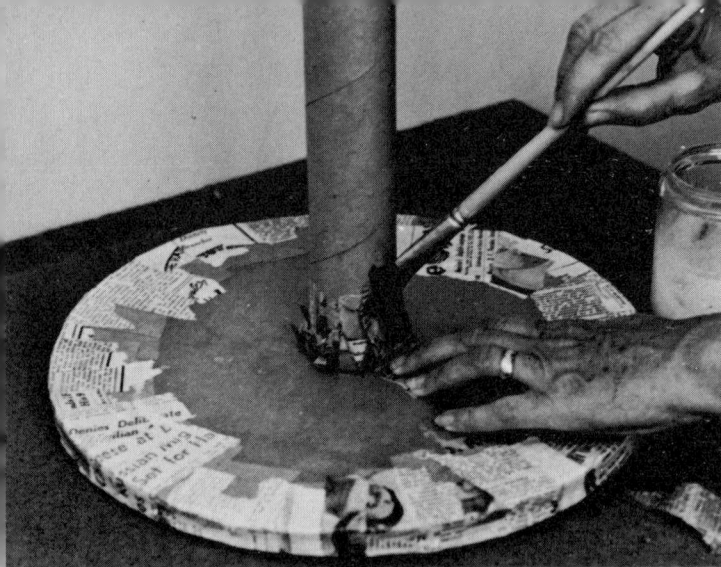

3. Acabado de la base. Se confeccionó de la misma manera que la parte superior. La columna cilíndrica es un estuche de los que se utilizan para enviós por correo, de diámetro suficiente para que el cilindro fijado a la parte superior pueda deslizarse dentro de él.

4. El cilindro fijado a la parte superior se inserta en el fijado a la base (no se pega). El inferior se ha llenado parcialmente con piedras, de forma que la mesa alcance una altura de 50 cm. (Las piedras además le dan estabilidad.)

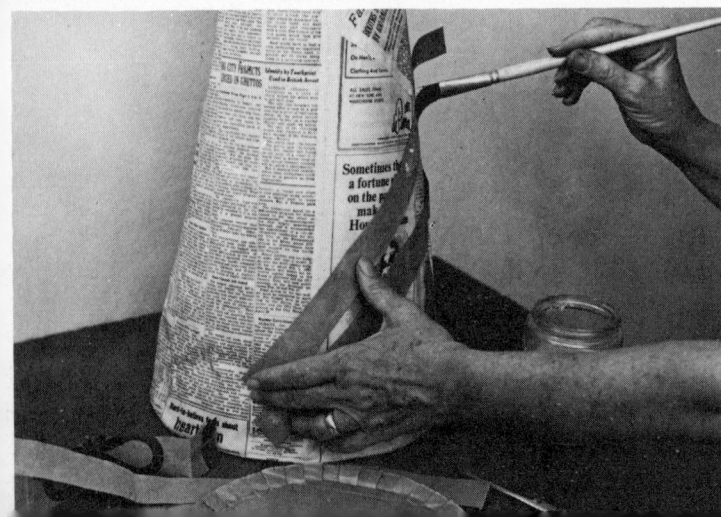

5. Preparación del pedestal. Varias hojas de papel de periódico se han enrollado en forma de cono y se han pegado con engrudo. El círculo de cartón con los bordes cortados y doblados y un agujero en el centro se encolará dentro del cono.

134

6. Se extiende una capa de pasta sobre una gran lámina de plástico para la parte superior de la mesa.

7. La mesa ha recibido una capa de cola por encima, luego se ha colocado boca abajo sobre la pasta. El borde también ha recibido una capa de cola. La capa de pasta se dobla sobre la mesa, apretándola.

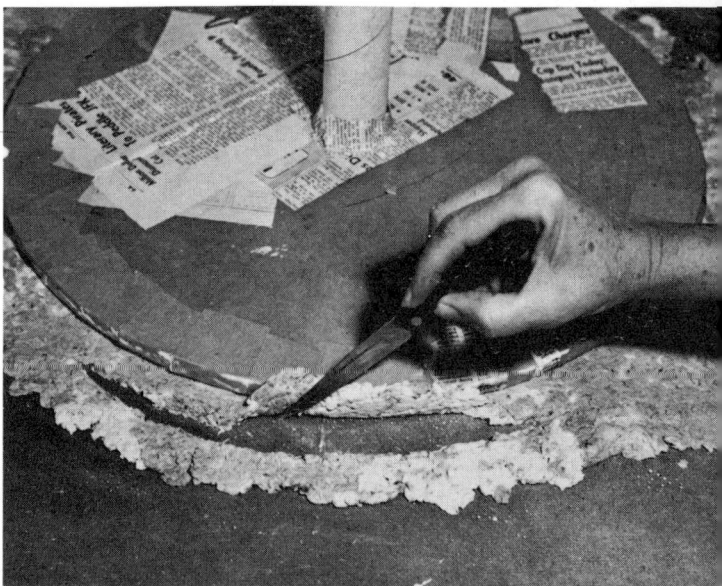

8. Secado de la parte superior. Después de prensar la masa sobre la superficie de la mesa, el trabajo se coloca boca abajo sobre varias capas de papel de periódico y con un gran peso formado por tarros llenos de agua y ladrillos. Se deja esta parte superior de la mesa bajo el peso hasta que esté completamente seca. Esto hace que la superficie quede nivelada y plana.

9. Ha terminado la construcción de la parte superior, la inferior y el pedestal. Se muestra la parte superior en su lugar aunque todavía no está pegada.

10. El pedestal se fija por debajo de la parte superior. Se utilizan unas tiras de papel y engrudo para formar una curva entre éste y la parte superior.

11. El pedestal se cubre con pasta.

136

12. Se han montado las tres piezas de la mesa. El pedestal está siendo pegado a la base, y se utilizan tiras de papel de periódico para formar una curva en la unión.

13. La construcción de la mesa está completa. Toda la superficie se ha cubierto con pasta y se ha dejado secar. Se utiliza una lima y papel de lija para suavizar los puntos ásperos. Después, todo el trabajo recibe una capa de escayola.

137

Ahora que hemos esbozado los pasos, observemos la construcción.

La mesa terminada aparece en la ilustración en color 39. Se ha decorado con cuerda y se ha pintado con laca dorada. En el borde de la parte superior se han pegado tres vueltas de cuerda; sobre el pedestal se ha pegado con engrudo un bramante formando rombos, sobre la base se ha utilizado laca dorada, así como sobre el borde superior. Un tablero de ajedrez dibujado sobre la superficie de la mesa duplica su utilidad.

La construcción que acabamos de efectuar es enteramente de papel, si exceptuamos las piedras que lastran la base. El trabajo se simplificaría utilizando círculos de madera contrachapada de 9,5 mm para la base y la parte superior, y una pieza de madera cilíndrica de 5 cm de diámetro para la columna. La madera se cubriría con papel, pasta y engrudo.

¿Se pueden utilizar de este modo otros materiales? ¿Es una chapuza? En absoluto. Para el artista, cualquier método o material que logra el resultado deseado es apropiado para su uso. Un marco de madera completamente cubierto con papel y pasta es un artículo legítimo de papel maché.

Se pueden confeccionar muchos otros muebles de papel maché: estanterías y vitrinas, arcas para ropa, cajas de juguetes para la habitación de los niños. No se dude en utilizar trozos de madera de cajas de embalaje desechadas si eso puede acelerar la construcción o darle fortaleza. za.

Se requiere una cierta habilidad en la carpintería, pero no hacen falta en absoluto herramientas especiales para trabajar la madera. Aparte de serrar una pieza de madera o dos y de clavar algunos clavos, todo el trabajo se efectúa con papel, engrudo y pasta.

La decoración de estos objetos puede ser una experiencia interesante. Se pueden confeccionar adornos con pasta, las áreas planas se pueden pintar con diseños abstractos, los modelos pueden realzarse, encolando sobre ellos cuerda gruesa. Prácticamente, no hay limitaciones. Hay que experimentar y ser audaz.

# 11

# EL PAPEL MACHE

# EN

# ESCENA

UN tipo diferente de decoración interior es el utilizado por los maestros de la ilusión y mercaderes del artificio: los diseñadores de los decorados de teatro. Como los montajes teatrales son cosas temporales y los elementos decorativos deben ser ligeros y baratos, ¿qué mejor material para su construcción que el papel maché?

La ilustración 24 muestra una máscara "mágica", de 65 cm de altura, confeccionada con cartón, papel y engrudo, utilizada en una producción de una comedia. Parte de la máscara está cubierta con una lámina de aluminio. Los pendientes se recortaron en una lámina gruesa de aluminio (bandejas de pasteles desechadas). En el curso de la acción esta máscara tenía que romperse. La lámina 25 muestra la máscara rota. Unas pocas tiras de papel y engrudo por detrás dejaron los pedazos unidos de nuevo de forma perfecta para la siguiente representación.

La ilustración 26 muestra un dibujo enmarcado, otro elemento decorativo de la misma comedia. La acción de la obra requería un dibujo de una bailarina para colgar en una pared. La pared, en este caso, era

24. Máscara "Mágica" montada.

25. Máscara "Mágica" rota.

26. Dibujo, montado por *Bell, Book* y *Candle*.

un trozo de lienzo, por lo que el dibujo con su marco debían ser muy ligeros. Este marco se confeccionó con papel de periódico enrollado en tubos de 25 mm de diámetro, con ingletes en las esquinas. Se pintó con pintura negra para carteles; después, se le aplicaron algunos brochazos sobre la superficie con laca dorada, en forma irregular.

La ilustración 27 muestra una pintura con marco de mayor tamaño, utilizada en una producción de otra obra de teatro. El marco se confeccionó con cartón acanalado y rollos de papel de periódico. El carác-

27. Pintura, montada
por *Never Too Late.*

ter florido de este marco proporcionaba la nota abigarrada exigida por el diseñador de los decorados.

Para una producción de otra comedia teatral, se requerían dos elementos especiales, uno de ellos un escudo sosteniendo dos espadas. Las

**SERIE FOTOGRAFIAS 28**
*Un escudo*

1. Se corta en cartón ondulado la silueta de un escudo de 76 cm de alto. El cartón se curva y se mantiene en esta posición con una cuerda gruesa, mientras se pega el papel de periódico con engrudo por ambas caras. Cuando el papel se seca, el escudo mantiene su forma curvada. En los bordes del escudo se practican unas muescas para recibir las espadas.

2. El escudo terminado con las espadas en su sitio. El escudo no se ha pintado, sino que se ha decorado con papel de colores. Los leones son de oro, montados sobre campo rojo; las flores de lis son blancas sobre un fondo azul real.

El otro elemento decorativo utilizado en la misma obra era un soporte para un dosel sobre la cabecera de una cama. El decorador pedía algo medieval con una altura de 85 cm. He aquí cómo se construyó.

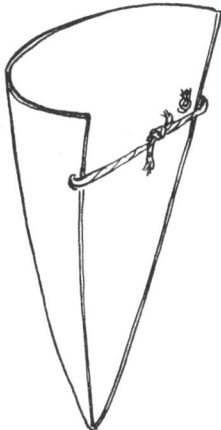

espadas eran reglamentarias de la Marina, prestadas por un miembro de la compañía. El escudo se construyó como sigue.

El otro elemento decorativo utilizado en la misma obra era un so-

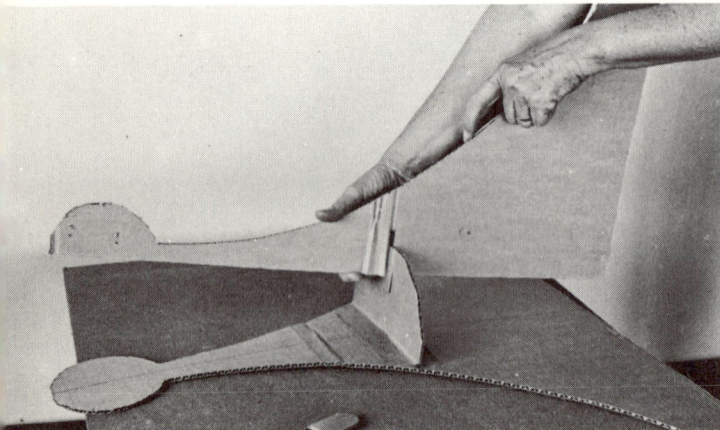

## SERIE DE FOTOGRAFIAS
*Soporte para dosel*

1. Se construye un armazón con piezas de cartón ondulado.

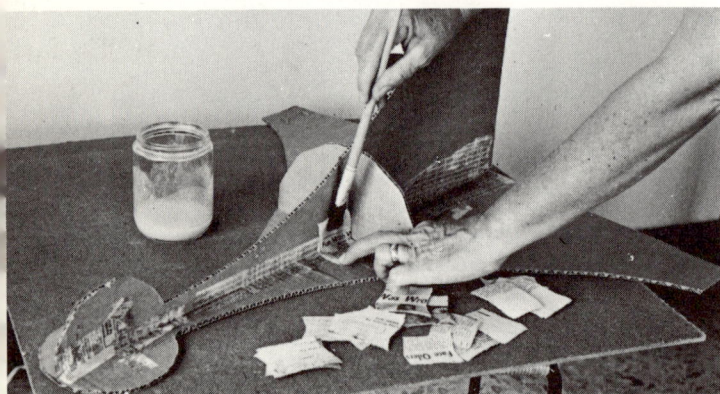

2. La moldura frontal se pega al fondo.

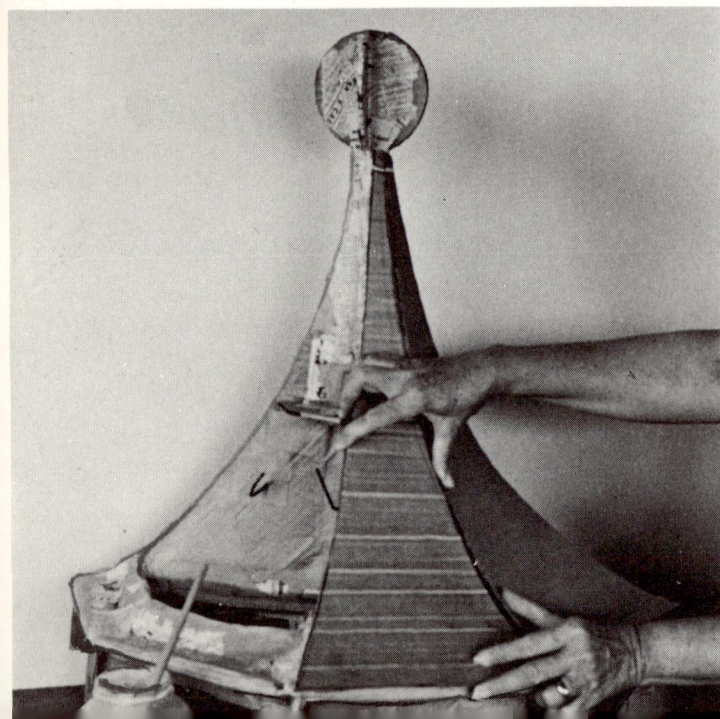

3. Se fijan en su lugar paneles laterales curvados. Antes de hacerlo, se han fijado unos ganchos confeccionados con alambre grueso contra el fondo del soporte. Estos ganchos sirven para colgar las cortinas del dosel (a la izquierda de la foto). Una anilla del mismo alambre se fija por detrás para colgar el soporte en el muro.

144

4. Los paneles laterales curvos se cubren con papel de periódico y engrudo.

5. En el borde se fijan con papel de periódico unos paneles en forma de corona.

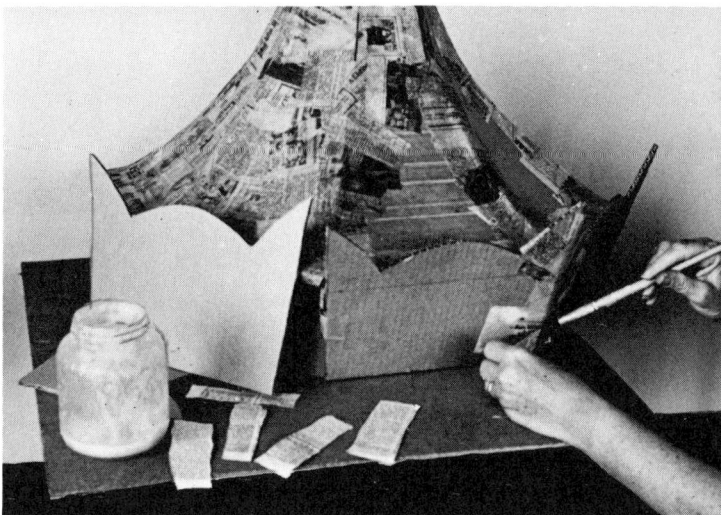

6. Se ha formado una bola de papel de periódico arrugado para la parte superior, que se sujeta con una goma elástica mientras se pegan sobre la bola tiras de papel.

145

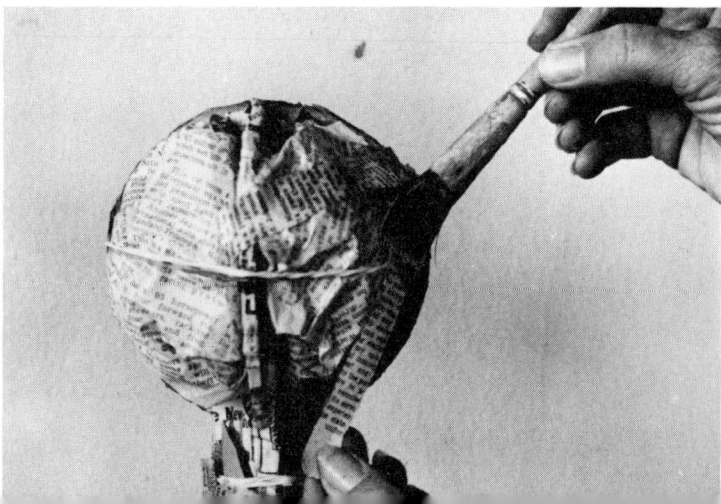

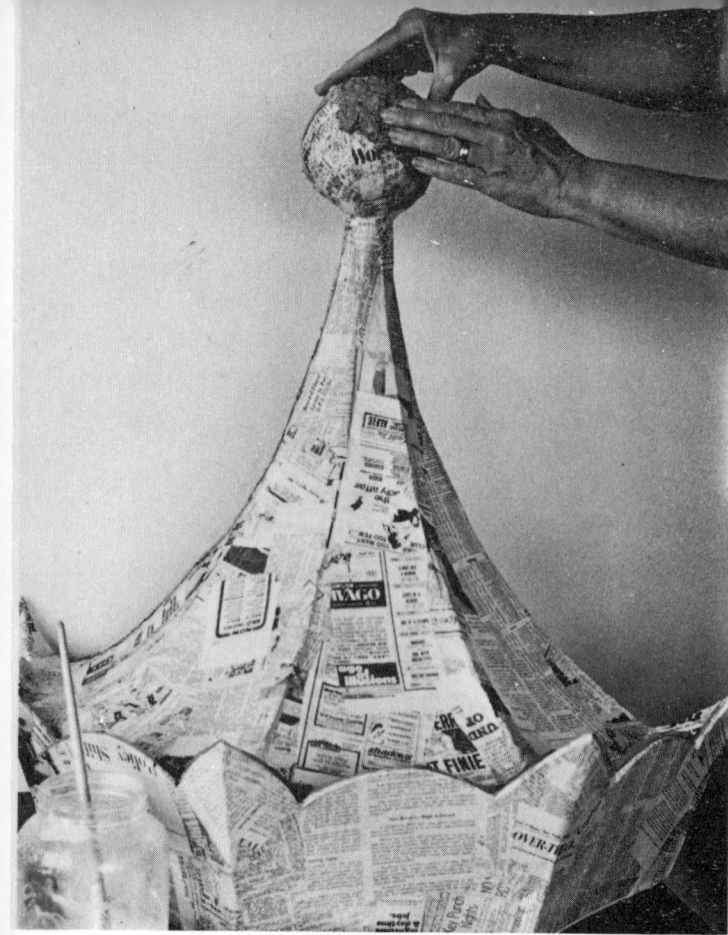

7. La bola de arriba se ha secado. Ahora se aplica pasta para completar la forma esférica. El resto de la construcción se ha cubierto con papel de periódico.

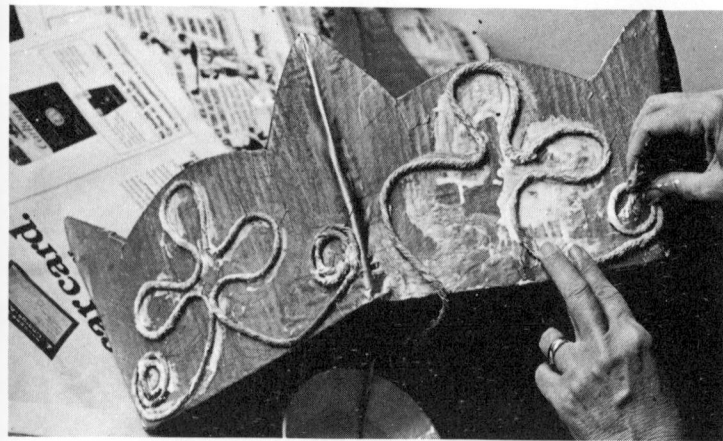

8. Toda la construcción ha recibido una capa de laca dorada. En este momento se decide hacer más adornos en la pieza. Como observamos, se fija a los paneles del borde un cordel grueso empapado en cola. Esta cuerda debe fijarse con alfileres en tanto se endurece la cola.

9. El soporte para dosel terminado.

porte para un dosel sobre la cabecera de una cama. El decorador pedía algo medieval con una altura de 85 cm. He aquí cómo se construyó.

Las máscaras con más detalle del que muestra la de la ilustración 24, o que requieran más parecido con las facciones humanas, se pueden confeccionar modelando la cara en plastilina y cubriendo luego el modelo con tres capas de papel mojado (rasgado en pequeños pedazos) y engrudo. La primera capa de papel sería de periódico, la segunda de papel kraft y la tercera, servilletas blancas. El papel se puede aplicar directamente sobre la plastilina sin peligro de que se adhiera. Cuando la forma de papel se ha secado, se separa fácilmente del modelo. No importa que quede algo de plastilina adherida, pues al tratarse de un cuerpo que no se endurece, puede despegarse fácilmente.

Se pueden hacer con el mismo método cabezas de marionetas. En este caso, hay que confeccionar en plastilina el modelo de una cabeza completa y apoyarla sobre una armadura. Las capas de papel y engrudo se aplican sobre toda la cabeza. Cuando se ha secado, la forma se corta por la mitad con una hoja de afeitar, se extrae la plastilina del interior, y las dos partes vacías se sellan juntas con papel y engrudo. (Esto se ilustraba en la serie de fotografías 24.)

La fabricación de títeres es una forma de arte importante y se han escrito muchos libros sobre ella. No podemos intentar cubrir aquí ese tema; sólo apuntaremos que un artesano hábil puede construir con el papel maché casi cualquier muñeco para un teatro de marionetas, así como los que se requieren para un teatro de tamaño natural.

# 12
# ESCULTURAS
# PARA
# PATIO

LAS cosas que hemos fabricado hasta ahora han sido para usar en interiores. Consideremos ahora una escultura apropiada para un patio o un jardín.

Cuando hay un techo sobre una porción del patio, el papel maché que ha recibido varias capas protectoras de barniz puede permanecer en el exterior. Si no está expuesto a una lluvia torrencial, no sufrirá daños por aguaceros ocasionales.

La figura femenina que se reproduce en las láminas en color 45, 46 y 47 es un divertido adorno para patio. Se sienta allí en las fiestas, levanta su vaso con los invitados, y con sus cambios de peluca y de joyas entra en el espíritu de cualquier reunión social. Se ha confeccionado como sigue:

148

## SERIE DE FOTOGRAFIAS 30
*Figura femenina*

1. Se ha atado en el centro un gran paquete de papel relleno de periódicos arrugados para formar la cintura, y en la parte superior, para el cuello. Los brazos y piernas son rollos de papel de periódico; la cabeza es un globo con papel pegado con engrudo sobre su superficie.

La figura se ha construido por el método que se explica en la serie de fotografías 10 y 11. Se aplicó engrudo a las tiras de papel de periódico, se doblaron y se enrollaron alrededor del cuerpo, los brazos y las piernas; dando forma a los detalles anatómicos.

2. La construcción básica del cuerpo, cuello y miembros casi se ha terminado. Las manos y pies son todavía papel arrugado.

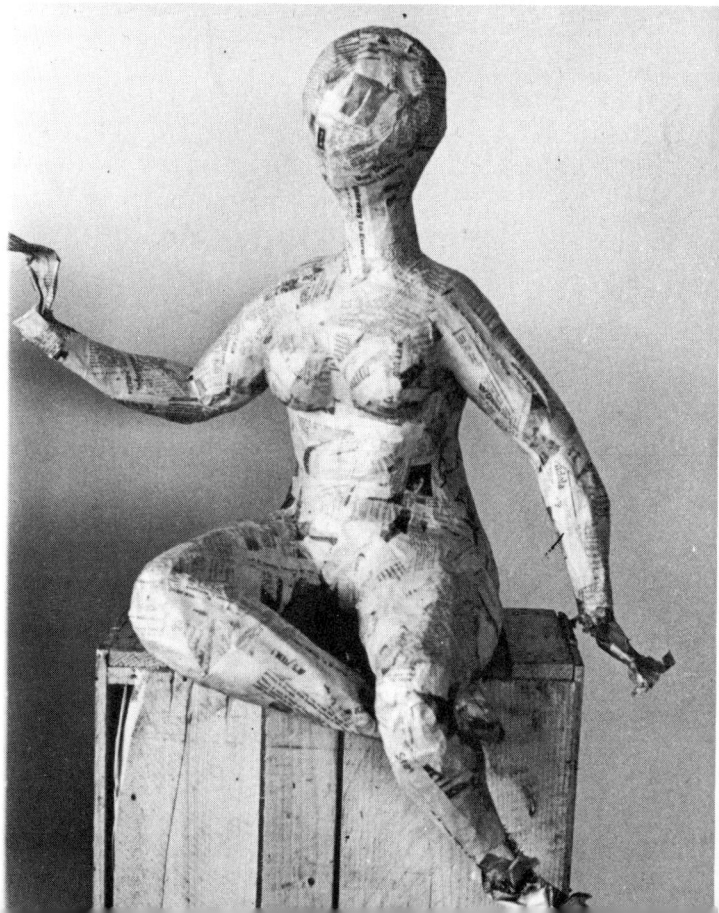

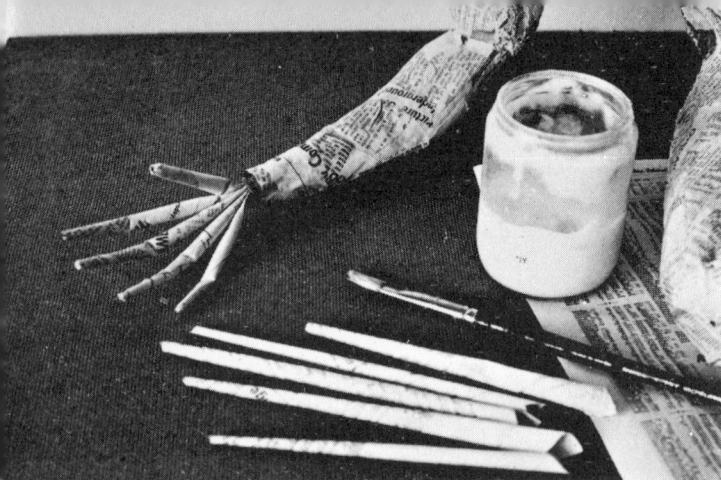

3. Confección de la mano. Se enrollan cinco tubos delgados de papel que servirán de dedos. Dichos tubos se fijan en un extremo con una goma elástica y esta porción se inserta en el brazo, en lo que va a ser la muñeca.

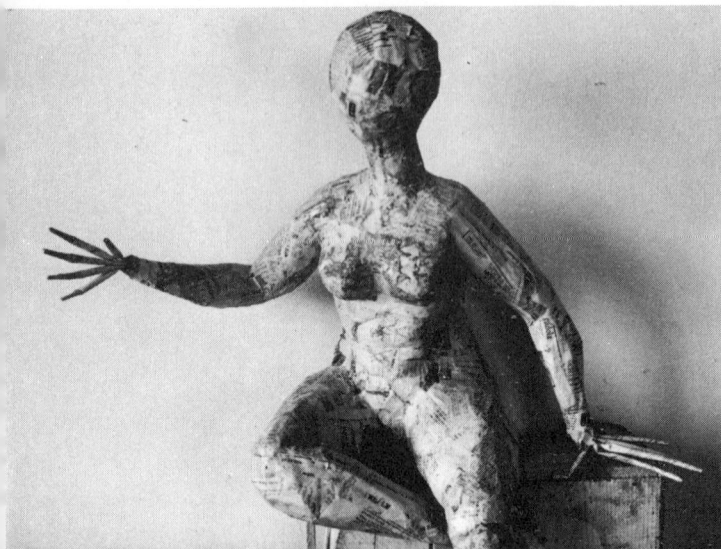

4. Se han construido las dos manos de forma rudimentaria, y se han colocado en su lugar. En todos los dedos, incluidos los pulgares, se han insertado trozos de alambre de los que se utilizan en las perchas de la ropa.

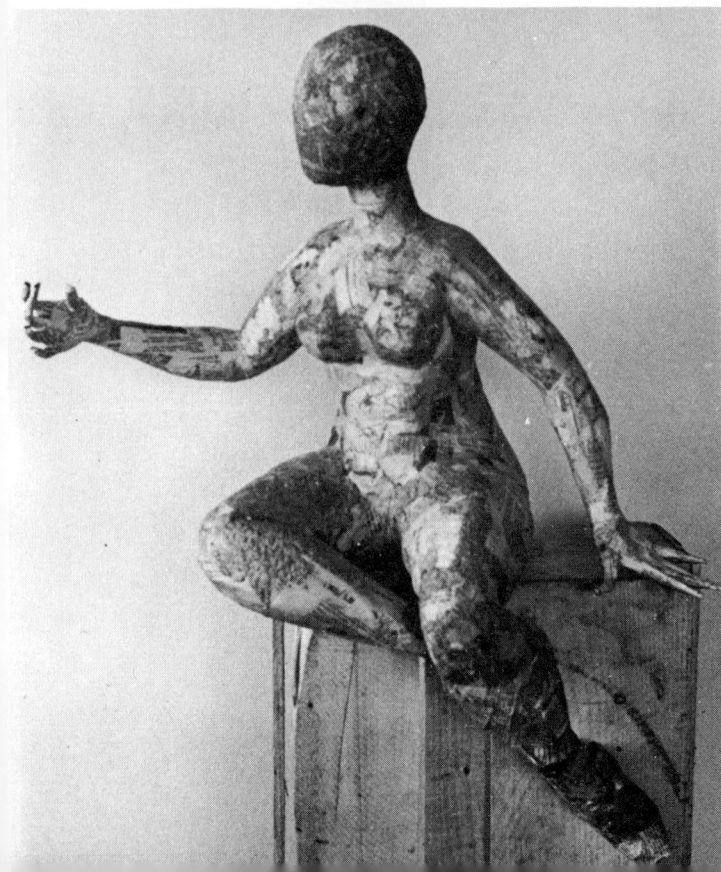

5. Se han perfilado las manos y pies del modelo.

6. El modelado está casi terminado. Se ha aplicado la pasta a los miembros inferiores y a partes del dorso. Los rasgos faciales se han modelado en pasta.

7. Construcción de una peluca. La cabeza se ha cubierto con una lámina de plástico delgado (de envolver sandwich). Se ha construido un peinado de papel, engrudo y pasta. El plástico hará posible quitar y poner la peluca.

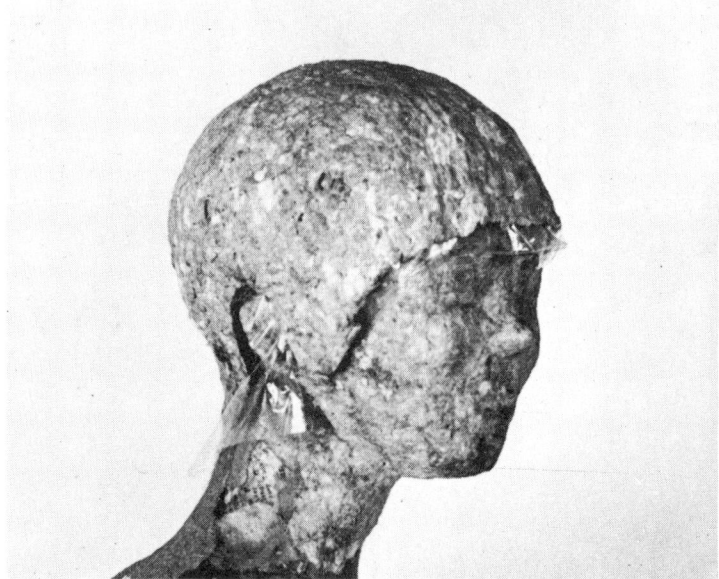

8. La construcción del cuerpo ha concluido. Toda la figura ha recibido una capa de emplaste. Cuando éste se ha secado, la figura se fija. Se ha colocado una segunda peluca, con un tipo diferente de peinado.

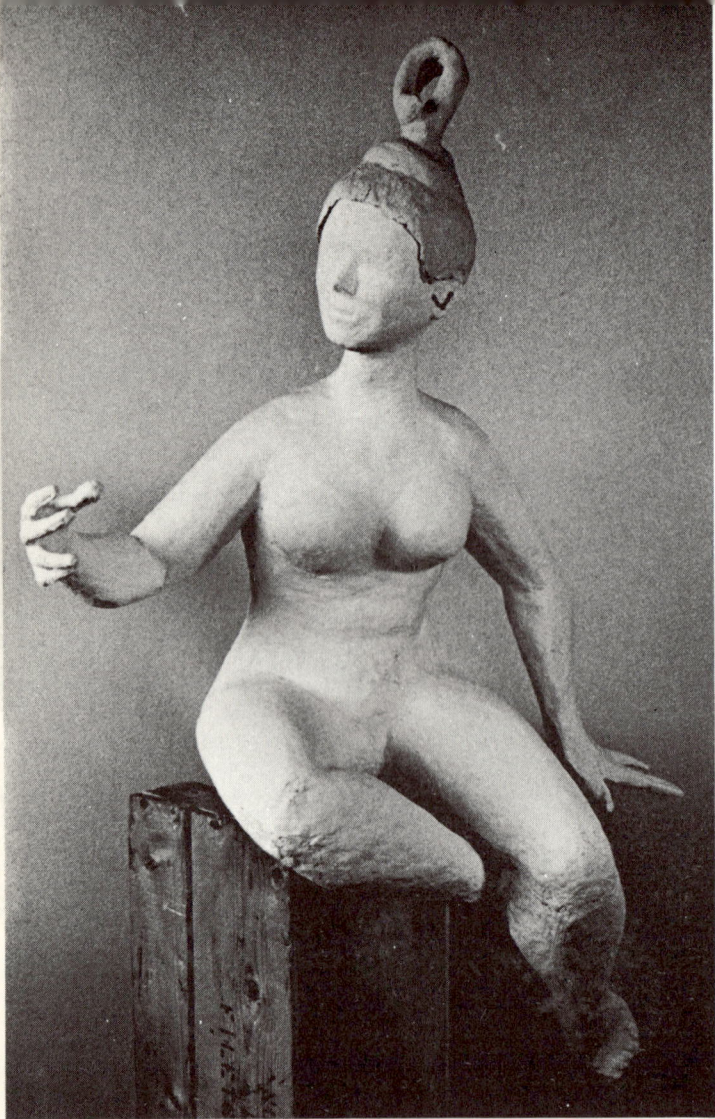

9. La figura se ha pintado con una capa de pintura acrílica al agua para paredes, en la que se mezcló un poco de pigmento rojo en polvo para producir un rosa aproximado al color de la carne. El rosa se bajó de tono añadiendo un poco de amarillo, un toque de verde y un toque de blanco con pinturas a la caseína. La figura lleva una tercera peluca de estilo diferente. Los lóbulos de las orejas se han perforado para que nuestra figura pueda llevar pendientes de papel maché, pasando unas cerillas por los agujeros para que no se tapen con la pintura.

10. La figura terminada con un bikini (también confeccionado con papel) y un par de pendientes de papel maché.

152

11. Otra versión. Una peluca diferente y pestañas postizas. La tercera peluca se muestra en la ilustración en color 45.

La sirena que aparece en la lámina en color 41 ha estado colgado en un patio exterior durante varios años. Sigue tan brillante y llena de colorido hoy como el día en que se confeccionó. (Mide 2 metros y medio de altura).

Se puede confeccionar con papel maché, de la misma manera que el pez moldeado en el capítulo 8, una decoración arquitectónica apropiada para cualquier pared, pero ideal para un muro de ladrillo en un patio. Los pasos son los mismos; la única diferencia es que el producto es más grande.

## SERIE DE FOTOGRAFIAS 31
*Un mural*

1. Se modelan en plastilina las unidades de una escena imaginaria.

153

2. Las partes de la salida de la ciudad se han terminado y montado sobre la superficie de una mesa de cristal. (El papel de periódico está debajo del cristal). Se confeccionará un molde de la escena vertiendo yeso sobre el modelo. (No es necesario cubrir el cristal con vaselina porque el yeso, cuando se fragua sobre el cristal, puede despegarse de él fácilmente).

Hay que tener cuidado de apretar la plastilina con fuerza sobre el cristal y comprobar que el modelo no tiene irregularidades por detrás.

Se construye con arcilla un muro de contención para mantener el yeso. (Se podría haber utilizado plastilina para el muro, pero teníamos cierta cantidad de arcilla que se había usado para el moldeado de yeso. La mantenemos húmeda en un recipiente de plástico y la usamos una y otra vez para este tipo de trabajo.)

3. Vertido del yeso. Se espolvoreó yeso sobre el agua hasta que apareció un montículo sobre la superficie. Esto indica que se ha echado suficiente. Cuando se hunde en el agua, se revuelve la mezcla durante dos minutos antes de verterla.

Este recipiente lleno no será suficiente para hacer el molde completo, pero basta cubrir la plastilina. Cuando se ha vertido, se sopla ligeramente para asegurarse de que no han quedado burbujas junto al modelo. Entonces se mezcla y se vierte otro recipiente de yeso suficientemente grande para que el molde tenga 2,5 cm de espesor. (Una cantidad de yeso recién preparada se puede verter sobre otra vertida previamente siempre que ésta no se haya secado aún.)

4. El molde ha fraguado; la plastilina se elimina. Después se observa si el molde tiene entalladuras. Si hay alguna, los bordes de las depresiones deben pulirse para eliminarlas.

El molde debe dejarse secar completamente; este proceso puede durar varios días. El secado se puede acelerar exponiendo el molde a un fuerte sol, y después, a las proximidades de un calentador eléctrico.

154

5. Moldeado. El molde está seco. Se ha aplicado sobre la superficie así como en todas las depresiones una capa de vaselina; luego se ha enjugado el exceso con toallas de papel. La pulpa de papel (sin ninguna adición) se ha aplicado en los huecos del molde. En este moldeado sólo se reproduce en papel maché el modelado de plastilina.

6. Se deja secar el moldeado durante veinticuatro horas y se extrae del molde. Es casi imposible extraer una forma complicada y delicada como ésta en una sola pieza, pero eso no constituye un problema serio. (Era de esperar que el moldeado se rompiera en pequeñas porciones). Las partes del moldeado se han unido y encolado en su lugar sobre un pliego grande de papel kraft. La superficie del diseño recibe una mano de cola diluída. Más tarde, cuando la cola se ha endurecido, el papel kraft se retira, rasgándolo por los bordes del diseño.

7. El mural en posición, encolado sobre el muro de un patio en un lugar en el que recibe los rayos del sol de la mañana.

8. La ilustración en color 42 reproduce un segundo moldeado con un fondo de papel maché. Es una placa movil en bajo relieve de 50 por 71 cm.

155

La placa que acabamos de hacer es casi el mayor tamaño que se puede moldear en un solo molde. Un mural mayor debería confeccionarse planeando el diseño de forma que pudiera moldearse por secciones con moldes separados para cada pieza. Los diferentes moldeados se unen formando una unidad sobre el muro. La única limitación del tamaño del mural es el área de la pared que va a adornar.

Algo con un estilo enteramente distinto se contempla en la siguiente serie.

## SERIE DE FOTOGRAFIAS 32
*Escultura abstracta para jardín*

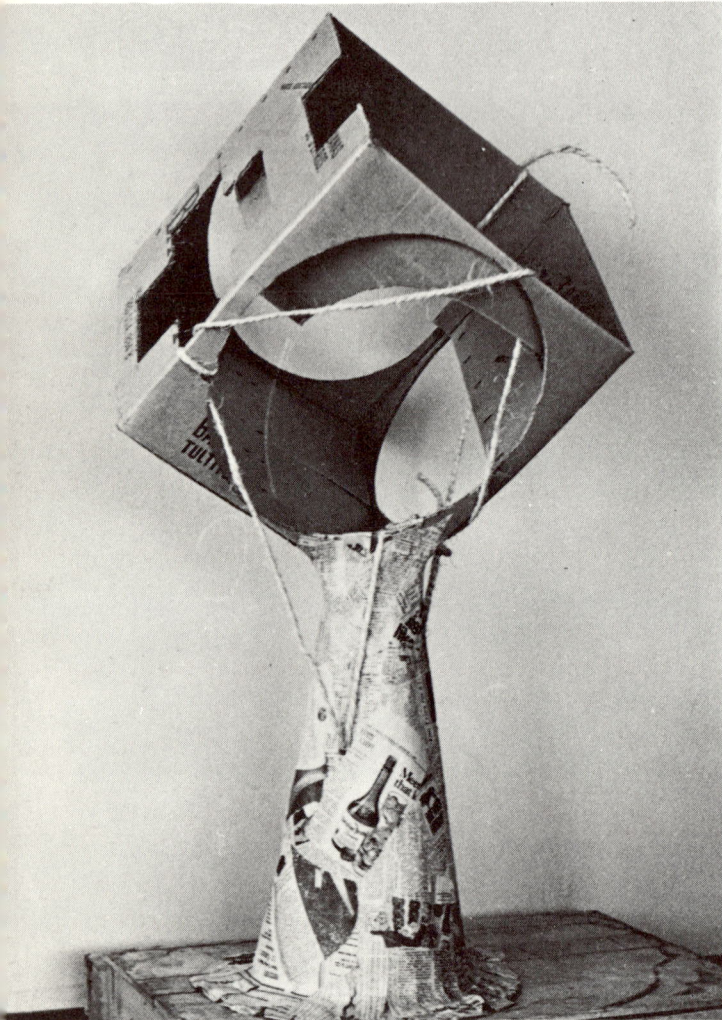

1. Se ha pegado una caja de cartón con aberturas de formas diferentes en sus caras a un cono de hojas de papel de periódico enrolladas. Una cuerda sostiene la caja al cono mientras se seca la juntura pegada con engrudo.

2. La superficie de la caja se cubre con una capa de papel de periódico y engrudo.

156

3. Se utilizan trozos de cartón para cambiar el contorno del cono.

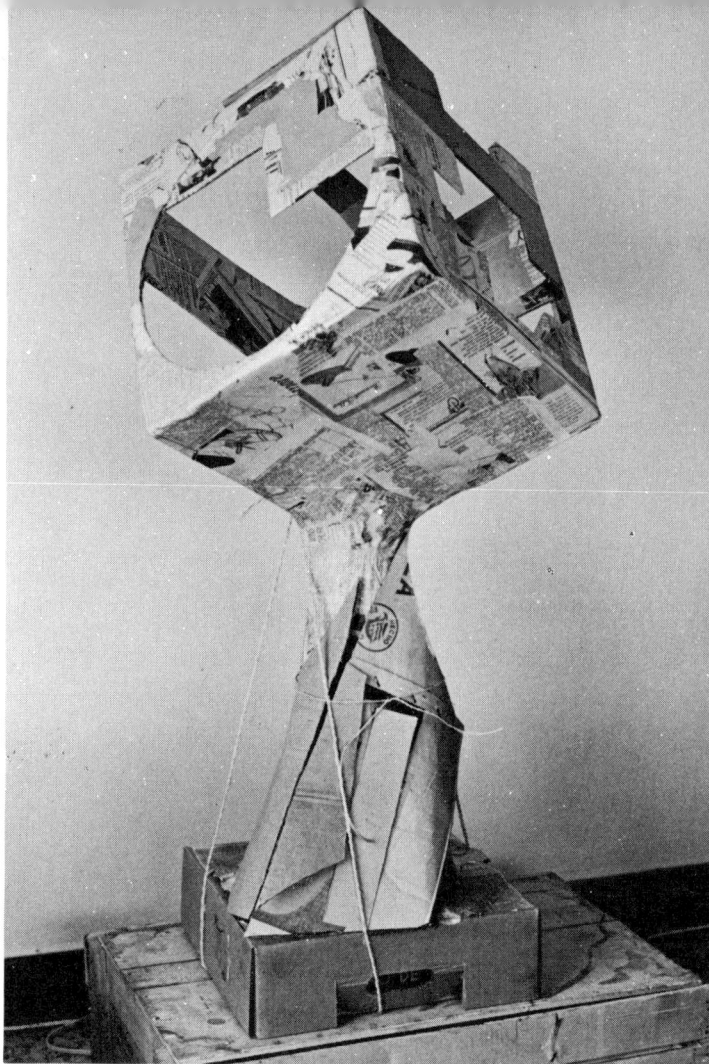

4. Se ha pegado con engrudo papel de periódico sobre el cartón añadido.

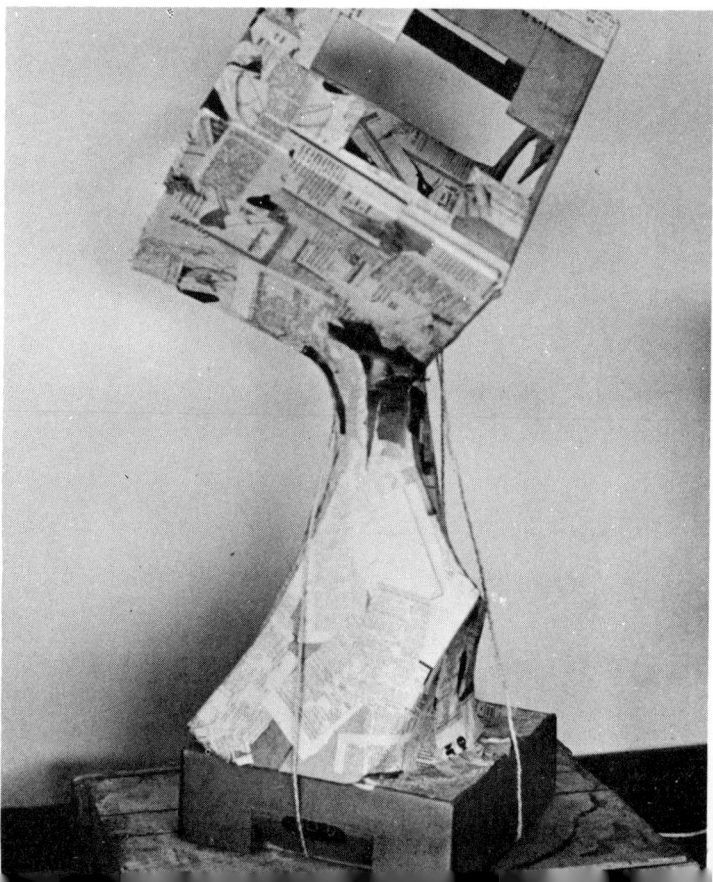

157

5. El perfil de la columna soporte ha cambiado; se ha añadido altura a la base; se ha añadido otro elemento de cartón a la parte superior. La parte inferior de la construcción se ha cubierto con pasta.

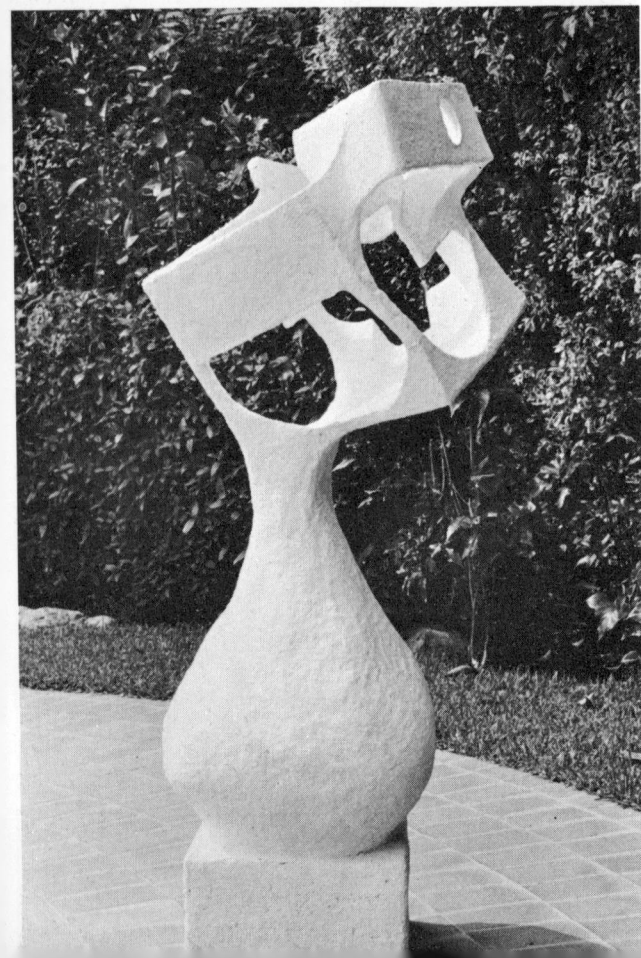

6. La escultura completa. Se ha añadido otra caja a la base para formar un pedestal rectangular. (La caja se ha lastrado con piedras). Todo el trabajo se ha cubierto con pasta; luego se le ha dado una capa de emplaste y cola. Cuando el emplaste estuvo completamente seco, se aplicaron varias capas de laca en spray.

7. Otro aspecto.

8. Otro aspecto.

La escultura abstracta cuya confección acabamos de seguir, proporciona un precioso efecto estético en un jardín. El intrincado entrelazamiento de las formas crea unos juegos cambiantes de luz y sombra a medida que el sol se mueve. El trabajo tiene una altura de 140 cm; sin embargo, y a pesar de que la base está lastrada, es bastante ligero para ser trasladado facilmente, por lo que se puede cambiar de lugar en el jardín o en el patio. Cuando cae la noche o amenaza mal tiempo, puede trasladarse al interior.

La pieza de escultura que reproduce la ilustración 28, una cabeza abstracta colgada en el muro de un patio, proporciona también cambiantes juegos de luces y sombras. La ilustración 29 la muestra en el muro de un jardín. Esta también se guarda en el interior por la noche.

¿Sabe un artista lo que está haciendo antes de acabarlo? No siempre. No exactamente. Por lo general, cuando comienza a crear algo, tiene una idea estupenda de lo que va a ser, pero en algún momento van apareciendo cambios. A medida que el trabajo progresa, los ritmos y las relaciones entre las partes se ven más claramente y con frecuencia son necesarias alteraciones en el concepto original. El material participa también en el proceso creativo, aportando su contribución al diseño.

Y así, el producto final puede ser diferente de lo que comenzó a ser. Y eso es bueno, pues la escultura debe desarrollarse realmente en las manos del artista.

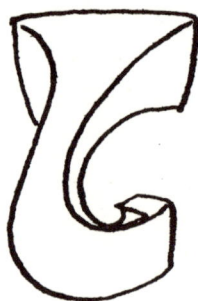

28. Una cabeza semi-abstracta, colgada en la pared de un patio.

29. Escultura sobre la pared de un jardín.

# 13
# MÁS ACERCA
## DE LOS
## MATERIALES

EL papel maché tiene una antigüedad de veinte siglos, pero aún es un arte joven. No existe ninguna literatura técnica sobre él. Los que exploran las posibilidades de este medio, proceden por ensayo y error, aprendiendo sobre la marcha.

El reciente desarrollo en el campo de los sintéticos ha hecho posible muchos más materiales: colas, pigmentos, barnices. Algunos de ellos son un regalo para el artista del papel maché, pero su gran profusión a veces crea un elemento de confusión. Donde hay tanto para elegir, ¿cómo seleccionar correctamente?

Hemos efectuado más de quinientos experimentos, probando diferentes métodos para la construcción en papel, ensayando recipientes para la pasta, comparando pigmentos, lacas y barnices. Los métodos y los materiales descritos en los capítulos anteriores son los que han dado mejor resultado, a nuestro parecer. Pero no son los únicos que pueden usarse.

Ofrecemos seguidamente un breve resumen de los materiales utilizables por el artista que trabaja en papel maché.

## Materiales de construcción

El material más importante, naturalmente, es el papel: papel de todos los tipos. Pero también se pueden utilizar otros materiales: tejidos para drapear; alambre del que se utiliza en perchas para la ropa, en ganchos y refuerzos; cuerda para decoración. Hemos visto cómo se pueden construir las formas básicas en papel y cómo se puede construir sobre cosas ya existentes, como botes de hojalata y cajas de cartón. Cuando se gana tiempo utilizando estas ayudas, el artista las utiliza, y el producto es igualmente creativo y original, y tan verdadero papel maché como si cada molécula del mismo estuviese enteramente compuesta de pasta de papel. Las posibilidades de utilizar cosas como cajas de cigarros, cestas para fresas, y cajitas redondas de madera para queso como bases sobre las que construir no debe desdeñarse.

La espuma plástica es un buen material de base para el papel maché. Es ligera, se modela facilmente y es barata. Se puede comprar en bloques o en formas especiales, como pelotas, conos u ovoides, que son muy útiles en algunos tipos de construcción.

### Engrudo y cola

¿Cuándo utilizar engrudo, cuándo utilizar cola? Este es un asunto de preferencia individual. El engrudo tarda más tiempo en secarse y da un producto algo más blando. La mayoría de los artistas usan engrudo para construir las formas básicas; cuando se aplica el papel con los dedos en lugar de con una brocha, las tiras de papel se empapan en una mezcla diluida de engrudo y cola.

Como afirmábamos en el capítulo 1, hemos encontrado que el engrudo del tipo que se usa para pegar carteles, es el mejor para la construcción en papel. Pero prometíamos dar una receta para aquellos que prefiriesen hacer su propio engrudo. Aquí está:

El engrudo se fabrica mezclando harina con un poco de agua; se va añadiendo lentamente más agua para lograr una consistencia diluida, lechosa; luego se calienta, sin dejar de remover, hasta que espesa. Otro método es el siguiente:

Poner dos vasos de agua en un recipiente, mezclar medio vaso de harina con agua fría hasta darle la consistencia de una crema fina. Verterla lentamente en el agua hirviendo y remover hasta que la pasta se espese. Se pueden añadir unas gotas de aceite de clavo o de gaulteria como conservador.

Entre todas las colas disponibles, la mejor, en nuestra opinión, es la cola sintética blanca que viene en recipientes de plástico en forma líquida. Cuando esta cola se usa pura, seca rápidamente con una superficie rugosa. La cola es mejor que el engrudo para pegar papel a madera o metal, o para fijar detalles al final de la construcción. La cola blanca extendida sobre un objeto de papel maché con brocha, es un excelente sellador, rellena los poros, proporciona más fortaleza y una buena superficie para pintar encima.

La cola en polvo a la caseína, que debe ser mezclada con agua, es un fuerte adhesivo, bueno para trabajos en madera. Cuando se utiliza sobre papel, hace al producto terminado algo quebradizo. Esta cola debe prepararse en pequeñas cantidades porque se estropea después de un día o dos. (La caseína se hace a partir de leche cuajada refinada.)

El Epoxy, un adhesivo extremadamente fuerte, es recomendado por algunos artistas del papel maché no sólo como cola, sino como capa final en lugar de barniz. Se vende en dos recipientes, cuyo contenido debe mezclarse, preparándolo antes de usarlo. El Epoxy se endurece con una superficie dura y brillante; cuando se aplica a superficies de papel, lo hace completamente impermeable a los líquidos.

Nosotros lo hemos encontrado difícil de usar en los trabajos de papel maché. No se aplica fácilmente con pincel y es difícil extenderlo uniformemente sobre una superficie. Debe manejarse con extrema precaución porque puede dañar la piel o los ojos. Las instrucciones de seguridad que vienen en el paquete deben seguirse escrupulosamente.

### Almidón

Algunos artistas utilizan el almidón líquido como adhesivo, especialmente en los drapeados. Nosotros pensamos que el engrudo y la cola dan mejor resultado, pero quizá alguien desee experimentar.

### Pegamento elástico

Los artistas comerciales lo usan para montajes de grabados sobre cartón. Se aplica una capa de adhesivo por detrás del grabado y otra capa al cartón. Ambas capas se dejan secar. Luego se aplica el grabado en su sitio y se aprieta firmemente. El pegamento elástico es muy útil para confeccionar montajes.

## Imprimadores

### Pinturas a base de agua

La pintura se puede aplicar a construcciones en papel después de que éste se ha secado. Los colores con una base de agua profundizan en el papel y esto produce con frecuencia un agradable efecto. Sin embargo, en la mayoría de los casos, es aconsejable aplicar al trabajo una base o imprimación antes de las manos de pintura o decoraciones. Uno de los materiales más satisfactorios para la base es la pintura de paredes sintética al agua que se vende bajo varias marcas registradas. Dos capas de esta base aplicadas con brocha sobre papel maché con un intervalo de veinticuatro horas proporcionan una excelente superficie para la posterior pintura y decoración.

## Escayola

Cuando se mezcla con cola algún tipo de caliza, como la tiza, el blanco de España o el yeso, el resultado es un material plástico que se puede utilizar como una base previa a la pintura. Esta mezcla se llama escayola. Cuando se seca, se puede lijar y adquiere un acabado de marfil. (Cuanto menos cola se use, más fácil de lijar es la superficie.) Algunas recetas de la escayola incluyen aceite de linaza; otras omiten este ingrediente. Nosotros encontramos que una pequeña cantidad de aceite hace la escayola más fácil de trabajar. (Véase la receta en el capítulo 2.)

Se puede comprar ya preparada una escayola fabricada con una emulsión de látex polímero acrílico. Lo hemos ensayado y, aunque es satisfactorio, hemos logrado mejores resultados con la escayola cuando la preparamos nosotros mismos.

## Emplaste

Este material se utiliza para emplastecer o parchear paredes. Cuando se mezcla con agua formando una pasta espesa, se puede modelar casi como la arcilla de modelar. Cuando se añade más agua, se puede aplicar con una brocha. Una pequeña cantidad de cola añadida al agua le convierte en una especie de escayola.

## Aceite de linaza

Conocemos este material como aglutinante de los pigmentos y como un ingrediente de la pasta de papel. También es una buena base para el papel maché. Tres o cuatro capas sucesivas de aceite de linaza aplicado con brocha sobre pasta seca proporciona una superficie dura y resistente al agua. Los objetos que han recibido una capa de aceite de linaza y luego se han introducido en un horno hasta que la superficie se pone tostada se vuelven bastante duros y casi impermeables al agua.

El aceite de linaza se puede comprar crudo o cocido. El primero es de color más claro y es mejor para las piezas que van a pintarse de blanco. Cuando la blancura no es importante, puede usarse cualquiera de los dos.

## Imprimadores sintéticos

Los vendedores de materiales artísticos ofrecen una gran variedad de imprimadores preparados especialmente. Se utilizan como apresto para lienzos de pintura al óleo, pero muchos de ellos se pueden utilizar sobre papel maché. Las instrucciones de los envases indican cuándo son apropiados para el uso sobre papel.

Como antes mencionamos, la cola sintética blanca usada en forma pura o diluida con agua es un excelente imprimador, probablemente el más conveniente para el artista de papel maché.

## Pinturas

*Acuarelas*

Toda la gama de pinturas y pigmentos válidos para trabajos artísticos se pueden usar para el papel maché. Probablemente, la más fácil de trabajar (y la más barata) es la pintura opaca al agua: temple, pinturas de carteles.

Las pinturas al agua transparentes son buenas cuando se requieren gradaciones de sombras y tonos; pueden mezclarse con engrudo de trigo o usar para colorear pequeñas cantidades de pasta. (Para trabajos mayores no sería práctico).

Es importante, al usar pinturas para carteles o acuarelas, comprar colores garantizados como permanentes. Los colores que palidecen pueden arruinar un buen trabajo.

*Pigmentos sintéticos*

Los colores de polímeros acrílicos ofrecen muchas ventajas. Se preparan con agua, secan rápidamente, y cuando están secos, son a prueba de agua.

Los pigmentos a la caseína son fuertes, resistentes al agua, se secan con una superficie dura. Se pueden utilizar en capa delgada y transparente como acuarelas o espesa como pinturas al óleo. Cuando se utilizan pinturas acrílicas o a la caseína, las brochas se pueden limpiar con agua y jabón. (No dejar secar nunca las pinturas en la brocha.)

*Pigmentos en polvo*

Se utilizan en las pinturas para escenarios teatrales y para muros de ladrillos pintados; se pueden usar para colorear la pasta y el engrudo de trigo o mezclar con blanco de España y cola y utilizarlos como pintura normal.

*Esmaltes de secado rápido*

Se pueden obtener varios tipos que producen superficies brillantes, muy brillantes o mates. Tienen gran variedad de colores. Los artículos de papel maché pintados con esmalte no requieren una posterior capa protectora.

*Oro*

La pintura dorada se puede comprar en forma líquida (soluble en agua o laca) o en spray.

En polvo de bronce, que existe en tonos que van desde el envejecido (oscuro) hasta el oro pálido brillante, se pueden mezclar con laca o con barniz y extender con brocha sobre superficies que han recibido bases de blanco de España o escayola. Se pueden combinar diferentes polvos de bronce para lograr efectos especiales.

### Panel de oro

Existe un medio para adherir el pan de oro, que se llama bol arménico, y se puede mezclar con agua para hacer una base pegajosa que se
aplica sobre el trabajo. (El bol arménico es una especie de arcilla roja.)
El pan de oro se puede aplicar también dando una base de barniz con
brocha y aplicarlo cuando está pegajoso. El pan de oro se puede comprar en forma de oro puro o en una forma sintética nueva más barata.
El trabajo con panes de oro nunca se debe realizar donde corra aire,
pues es tan fino y delicado que se volaría.

### Tintes

A veces se colorean con tintes pequeñas cantidades de pasta. Cuando se hace así, la pasta debe estar confeccionada con papel blanco.

También se puede obtener brillantes efectos de colores pintando
con tintes superficies cubiertas con escayola o emplaste.

## Capas protectoras

A causa de su susceptibilidad a la humedad, el papel maché requiere
una o más capas protectoras; ya sean aplicadas con brocha o con spray.
Entre los materiales usados están:

### Laca

Es, con mucho, el tratamiento más popular para superficies. Puede
comprarse transparente o con pigmentos incluidos, en tipos que secan
con una superficie semimate o muy brillante. Se seca rápidamente con
una superficie dura. Los mejores resultados se obtienen con lacas poco
espesas y utilizando varias capas, dejándolas secar. Los objetos pequeños, tales como cuentas, pueden sumergirse en la laca.

### Goma laca

La goma laca se puede comprar en polvo, que debe mezclarse con
alcohol rebajado, o, mejor, en forma líquida. Existe goma laca blanca y
naranja: la última es ligeramente más oscura. La goma laca da una superficie bastante dura que, desgraciadamente, se estropea con el agua.
Esto la hace poco apropiada para objetos tales como bandejas.

### Barniz

Proporciona una superficie duradera y fuerte. Se seca lentamente,
de forma que debe dejarse un tiempo considerable entre capa y capa.

### Pulverización

La laca, la goma laca y el barniz pueden comprarse en sprays que
eliminan la brocha. Esto ahorra tiempo en la limpieza de brochas, pero
se requieren muchas más capas y, como se pierde gran parte del material, el spray es más caro.

## Fijador

El fijador es una disolución de goma laca en alcohol que se pulveriza sobre el trabajo decorado con pinturas que puedan correrse. Su propósito es anclar la decoración al objeto, de forma que pueda pintarse con otras sustancias encima del mismo sin estropear el diseño.

## Cámara de pulverización

Una gran caja de cartón con una plataforma giratoria es una simple pero efectiva cámara de pulverización. La pulverización debe efectuarse en una habitación bien ventilada. Comprobar las instrucciones de seguridad de un spray antes de usarlo.

## Efectos especiales

### Acabado de porcelana

Algunos artículos de papel maché tienen partes tan suaves y brillantes que parecen de porcelana. Para lograr este efecto, el artículo debe haberse confeccionado con molde o trabajarse con una lija fina. Se puede aplicar a la superficie dos o tres capas de pintura al agua para paredes o escayola, lijándola entre cada mano si es necesario. Cuando se ha secado la pintura o la escayola, se aplica con brocha una mano de cola blanca diluida. Una vez seca, se pinta encima la decoración, se pulveriza sobre el trabajo un fijador y se da con brocha otra capa de cola diluida (el fijador impide que los colores se corran). Cuando está completamente seca la última mano de cola, se debe aplicar una capa final de barniz,

168

laca o esmalte transparente de secado rápido. (El barniz y la laca dan al trabajo un tono parecido al marfil; el esmalte transparente es incoloro.)

### Envejecimiento

Este término se aplica a un método de tratamiento de las superficies con un pigmento oscuro que después se elimina en su mayor parte. El pigmento oscuro permanece en los recovecos de la superficie y acentúa así su textura. El uso de la leche y el café instantáneo para envejecer se mencionó en el capítulo 1. El barniz de nogalina diluido con trementina produce un efecto similar. Algunos artistas utilizan un poco de alquitrán empapado en disolvente de laca, o una pintura al óleo marrón oscuro (siena tostada, sombra tostada) diluida con trementina.

### Cera

Los productos para encerar muebles o automóviles se pueden utilizar sobre el papel maché. Los colores que tiene la cera "para frotar" (utilizada por los ceramistas sobre bizcocho o loza cruda) producen interesantes efectos cuando se aplican al papel maché que ha recibido una capa básica de escayola o pintura acrílica blanca. También se pueden utilizar colores "antiguos" de la cera para extender.

## Cuidado de las brochas

El placer de pintar es mayor si se poseen buenas brochas y se tiene cuidado de ellas. La pintura debe aplicarse con la parte anterior de la brocha. Se debe tratar de no hundir la brocha en la pintura de tal modo que alcance la contera. La pintura que queda entre las raíces de los pelos es casi imposible de eliminar, y cuando se almacena ahí, disminuye la efectividad de la brocha.

Cuando se ha terminado de pintar, las brochas deben secarse y luego lavarse en cualquier disolvente que se utilice para la pintura: agua para las pinturas al agua, trementina para pinturas al óleo y barnices, alcohol para la goma laca, y disolvente para lacas. El recipiente que contiene la pintura dirá qué disolvente debe usarse.

Después de la limpieza, las brochas deben lavarse con jabón y agua caliente corriente. Cuando se ha enjuagado todo el jabón, se las debe comprimir y dar forma con los dedos y después ponerlas a secar.

En papel maché no existe aún el mejor método de hacer cualquier cosa ni un solo material que sea el apropiado para cada ocasión. Al ir confeccionando más objetos con este medio, se encontrarán los materiales y los métodos que más gustan y las herramientas más confortables en las manos de cada uno. Se desarrollarán técnicas especiales, se inventarán las propias recetas. Y, como todos los demás artistas en papel maché, continuaréis ensayando cosas nuevas.

# 14
# EL ARTE
# DEL
# PAPEL MACHE

**H**EMOS recorrido un largo camino juntos, llevado a cabo muchos proyectos, confeccionado cosas pequeñas y grandes. A estas alturas hemos adquirido el conocimiento práctico del papel maché y aprendido a amar este material.

Cuando se dominan las técnicas, comienza el problema: ¿Qué vamos a hacer? ¿Cómo lograremos un buen diseño? ¿Qué reglas debemos seguir?

No existen reglas para crear una obra de arte; no puede haberlas. Debemos encontrar nuestros propios postes indicadores. La habilidad para el diseño, así como manual, se perfecciona con la práctica. Cuantos más objetos hacemos, mejor llegamos a hacerlos; cuantos más proyectos efectuamos, mejores llegan a ser estos proyectos. Al diseñar, nuestros diseños van teniendo cada vez más fuerza y originalidad.

El dibujo ayuda. Mantener un libro de esbozos. Hacer muchos, muchos dibujos. Siempre que se nos ocurra una idea para un modelo, debemos anotarla. Dibujar objetos de la naturaleza. Hacer esbozos de personas, animales, flores, frutas. Hacer dibujos de jarros de café, jarras, cajas, copas y salseras, vasos.

Poner el lápiz sobre el papel y dejarlo vagar. Dibujar formas abstractas. Ponerlas en el libro de dibujos y, cuando ha pasado algún tiempo, mirarlas de nuevo; pueden sugerir ideas para hacer cosas en papel. Los dibujos hechos sin pensar con frecuencia pueden ser artísticos.

Se deben hacer algunos ejercicios de diseño. ¿De cuántos modos se puede proyectar un candelabro? Hacer una serie de dibujos (por lo menos doce). Utilizar formas de personas, hacer alguno de los diseños abstracto.

Otro ejercicio de diseño: estudiar de cuántas maneras se puede dividir el área de un cuadrado. Comenzar con un cuadrado de 10 cm de lado (o un rectángulo o un círculo), dividir geométricamente el espacio interior con círculos y líneas radiales. Rellenar los espacios adyacentes con colores contrastados.

Otro ejercicio: seleccionar algún motivo, como una flor o un ave (un gallo es bueno), y ver de cuántas maneras se puede utilizar este motivo para llenar el área de un rectángulo o un círculo.

Improvisar en tres dimensiones. Hacer esbozos con papel de periódico húmedo colocándolo en formas originales. Cortar tiras de cartón, doblarlas y unirlas en diferentes formas. Modelar con pasta. Ver cómo se desarrollan formas completamente nuevas.

¿Qué vamos a hacer? Cualquier cosa que se desee, pero sin olvidar la función. Hacer con papel maché las cosas que el papel maché hace mejor. No es bueno para contener líquidos; por tanto, es mejor dejar la confección de jarros y jarrones a los ceramistas. Pero para algunas cosas el papel maché es justamente lo más apropiado; mejor, de hecho, que cualquier otro material. Una gran placa mural de papel maché se puede colgar donde una placa de cerámica sería demasiado pesada. (Si el papel maché se cae, rara vez se rompe; y si se rompe, es fácil de reparar.)

¿Qué sucede con el gusto? A todos nos gusta hacer cosas que sean consideradas de buen gusto; sin embargo, el gusto es una cualidad difícil de definir. Es una cosa tan personal... —el buen gusto para una persona es algo horrible para otra. Debemos tener el valor de hacer aquello en lo que creemos; hacer las cosas que nos gustan sin miedo a lo que la gente pueda decir. Uno de los mayores valores del papel maché es la casi total ausencia de valor de las cosas que lo componen. La joyería de papel maché, por ejemplo, no está hecha de oro y su brillo procede de trozos de cristal coloreados. Es llamativo, y esa es su virtud. No es necesario reprimirse; los modelos más alarmantes, los colores más fuertes, en el papel maché son de buen gusto.

El crítico al que se debe escuchar es uno mismo. Al ir trabajando se desarrolla la justa apreciación de lo que es bueno. Es inevitable que alguna de las cosas que hacemos no lleguen a ser lo que habíamos planeado; sin embargo, pueden ser buenas (los accidentes felices que los artistas aman), o malas; en ese caso debemos tener el valor de destruirlas.

¿Y si vendiéramos las cosas que hacemos? Maravillosa idea. Muchos artistas del papel maché han sido capaces de combinar una actividad creativa y que les deleita con un negocio provechoso. Secciones especializadas de los grandes almacenes, tiendas de regalos y galerías de arte, están ansiosos de productos bellos y originales. La idea es digna de tener en cuenta.

Finalmente, debemos experimentar constantemente, probar nuevas ideas, nuevos caminos. Debemos atrevernos. Cualquier cosa que confeccionemos, ya sea para el uso o para decoración, tiene su mayor valor en la alegría que nos proporciona el confeccionarla.

Construir algo, observar cómo adelanta, toma forma y adquiere color, nos producirá la profunda satisfacción que solo el artista conoce.

# Enciclopedia de las artesanías

## Biblioteca de la madera y el múeble